职业教育改革与创新系列教材

汽车电路分析

主 编 王 辉 代素珍
副主编 姜小东 席 敏
参 编 周 聪 丁礼灯

机 械 工 业 出 版 社

本书从职业教育学生所需具备的基础技能出发，介绍了市场主流车系的电路特点、表达方式及电路图的识读范例和实例。本书结合汽车领域职业技能等级证书考核任务设计了针对性强化训练，使高职学生在掌握识别、分析电路图基本能力的同时，能顺利通过技能认证，具有较强的实用性。

本书可供职业院校汽车类专业学生作为教材使用，也可作为从事汽车设计制造、汽车运输管理、汽车维修管理工作的工程技术人员以及汽车电工、修理工与驾驶人的参考用书。

本书配有电子课件、试卷及答案等，凡使用本书作为教材的教师均可登录机械工业出版社教育服务网（www. cmpedu.com）注册后免费下载。咨询电话：010-88379375。

图书在版编目（CIP）数据

汽车电路分析/王辉，代素珍主编 . —北京：机械工业出版社，2021.6
（2025.8重印）
职业教育改革与创新系列教材
ISBN 978-7-111-69265-2

Ⅰ.①汽… Ⅱ.①王… ②代… Ⅲ.①汽车-电路分析-高等职业教育-教材 Ⅳ.①U463.6

中国版本图书馆 CIP 数据核字（2021）第 199725 号

机械工业出版社（北京市百万庄大街22号 邮政编码100037）
策划编辑：葛晓慧 责任编辑：葛晓慧 谢熠萌
责任校对：张 薇 刘雅娜 封面设计：陈 沛
责任印制：常天培
河北虎彩印刷有限公司印刷
2025 年 8 月第 1 版第 7 次印刷
184mm×260mm・10.75 印张・256 千字
标准书号：ISBN 978-7-111-69265-2
定价：39.00 元

电话服务 网络服务
客服电话：010-88361066 机 工 官 网：www.cmpbook.com
010-88379833 机 工 官 博：weibo.com/cmp1952
010-68326294 金 书 网：www.golden-book.com
封底无防伪标均为盗版 机工教育服务网：www.cmpedu.com

Preface

前　言

　　随着新车型不断出现，汽车电气化程度成了衡量汽车先进程度的标准。汽车电气技术是当前汽车检测行业中最尖端的技术，汽车人才市场中对汽车电气技术高水平、高素质人才的需求很大，人才出现供不应求的局面。汽车电路分析是汽车应用维修领域人才培养的专业基础课程。本书主要有汽车电路基础认知、汽车电路的基本元件认知、汽车电路图的识读、汽车主要电气系统的电路分析、新能源汽车高压电器认知、汽车电路故障检修、主流车型电路图的分析7个项目，主要介绍了以大众、丰田、通用车系为代表的汽车电路特点和识图方法，以及新能源汽车高压电器的电路分析和电路检测方法。在本书的编写过程中，编者充分考虑了目前职业教育的特点，以任务驱动为引领，注重理论知识和实践技能的结合，在结构和内容安排上突出先进性、实用性、技能性和针对性。本书在内容上强调基础性，内容组织由浅入深，讲练相互配合，实用性较强。本书每个项目包含理论（课后练习）和实操（实训工单）考核，每个项目的考核通过后才能进行下一项目的学习。

　　本书的编写特点有：

　　1) 本书贯彻党的二十大精神，结合"深入实施人才强国战略"的部署，注重学生个性发展、创新精神、实践能力和动手能力的培养，注重德才兼备的高素质技术技能人才的培养，以实用、实际、实效为原则，体现职业教育特色，紧密跟踪汽车工业的发展。

　　2) 从实用人才培养原则出发，内容全面、重点突出、数据准确、层次分明，在理论体系、组织结构等方面均有新的尝试，能够满足汽车运用技术领域实用型高素质人才的需要。

　　本书由长江职业学院王辉、代素珍任主编。项目三、项目五、项目七由王辉编写。项目二、项目四由代素珍编写。项目一由武汉机电工程学校姜小东编写。项目六由长江职业学院席敏编写。周聪、丁礼灯参与了本书部分内容的编写。全书由张俊主审。

　　本书在编写过程中参考并引用了部分车型的培训资料，在此谨向相关作者表示衷心感谢！

　　由于编者学识和水平有限，错漏之处在所难免，敬请广大读者批评指正。

编　者

Contents

目 录

V

汽车电路基础认知

随着电控技术在汽车上被越来越广泛地应用，汽车的动力性、经济性、舒适性和安全性得到了很大提高，汽车污染物的排放量也得到了控制。这些新技术的应用使汽车上的用电设备越来越多，汽车电路随着用电设备的增加也变得越来越复杂。在对现代汽车进行维修时，电路图是必备的维修资料。能读懂汽车电路图是现代汽车维修人员必备的技能。在读懂汽车电路图之前，应先了解汽车电路的基础知识——汽车电路的组成、分类及特点。

项目目标

1. 了解汽车电路的概念和组成。
2. 了解汽车电路的基本特点。
3. 能够识别电路的类型和连接类型。
4. 了解汽车电路各基本组成元件的功能与特点。
5. 能够根据提供的汽车电器基础元件进行简单的电路搭建并能判断故障原因。
6. 具有良好职业素养，能进行安全文明操作。

任务一 认知汽车电路的概念和组成

一、汽车电路的概念

为了使汽车的用电设备工作，就要按照它们各自的工作特性及相互间的内在联系，用导线和车体把电源、电路保护装置、控制器件及用电设备等装置连接起来，构成能使电流流通的路径，这种路径称为汽车电路。

二、汽车电路的组成

汽车电路主要由电源、电路保护装置、控制器件、用电设备及导线组成。汽车电路的组成如图 1-1 所示。

1. 电源

汽车上装有两个电源，即蓄电池和发电机，其功能是保证汽车各用电设备在各种工况下都能投入正常工作。汽车电源如图1-2所示。

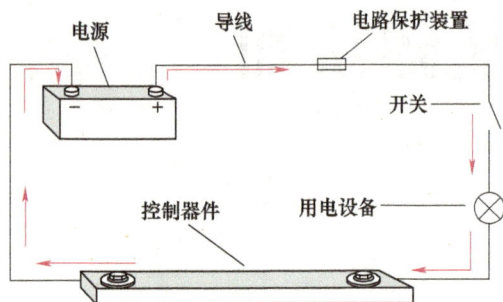

图1-1　汽车电路的组成

a)　　　　　　　　　　b)

图1-2　汽车电源

a）蓄电池　b）发电机

2. 电路保护装置

电路保护装置主要有熔断器、电路断电器及易熔线等，其功能是在电路中起保护作用。当电路中流过超过规定大小的电流时，电路保护装置切断电路，防止烧坏电路连接导线和用电设备，把损失限制在最小范围内。

3. 控制器件

除了传统的各种手动开关、压力开关、温控开关外，现代汽车还大量使用电子控制器件，包括简单的电子模块（如电子式电压调节器等）和微机形式的电子控制单元（如发动机电子控制单元、自动变速器电子控制单元等）。电子控制器件和传统开关在电路上的主要区别是电子控制器件需要单独的工作电源及需要配用各种形式的传感器。

4. 用电设备

用电设备包括电动机、电磁阀、灯泡、仪表、各种电子控制器件和部分传感器等。

5. 导线

汽车上的导线包括低压导线和点火用高压导线。低压导线用于将以上各种装置连接起来构成电路。此外，汽车上通常用车体代替部分从用电设备返回电源的导线。

三、汽车电路的基本特点

（一）汽车电路的主要特点

汽车电路是用选定的导线将全车所有用电设备相互连接成直流电路，构成一个完整的供电、用电系统，即汽车电气设备总成。汽车电路具有以下4个主要特点。

1. 低压

目前汽车电源系统额定电压有12V和24V两种。汽油机普遍采用12V电源，柴油机普遍采用24V电源。汽车运行中的电压，一般12V系统为14V，24V系统为28V。电路中的个别用电设备工作电压是高压或不同电压，例如点火系统中的高压电路。电控系统控制各传感器的工作电压、输出信号等。随着汽车用电设备不断增多，汽车电源升压问题已经日益受到重视，不久的将来汽车电源电压将提升至48V或者72V。

2. 直流

汽车电路采用直流的原因是发动机要靠起动机起动，起动机由蓄电池供电，而蓄电池的电能消耗后必须用直流电充电，所以汽车电气系统为直流系统。

3. 单线制

汽车电路为单线制。现代汽车上所有用电设备正极均用导线与蓄电池正极连接，该导线通常称为电源线；而所有负极则与车身金属相连，称为搭铁。单线制（图1-3）的特点是导线用量少，电路简化清晰，安装和检修方便，且用电设备也不需要与车体绝缘。

4. 并联

为了让各用电设备独立工作，互不干扰，各用电设备采用并联方式连接。每条电路都有独立的控制器件及电路保护装置。采用并联连接的汽车用电设备，当某一支路用电设备损坏时，并不影响其他支路用电设备正常工作。汽车用电设备并联状态如图1-4所示。

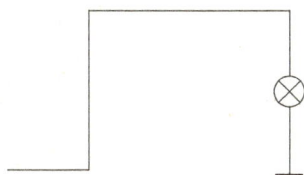

图1-3　单线制

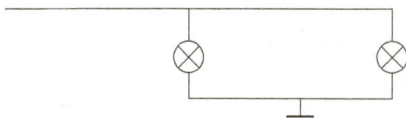

图1-4　汽车用电设备并联状态

（二）汽车电路的其他特点

1. 负极搭铁

负极搭铁对车架和车身金属电化学腐蚀较轻，对无线电干扰小。国家标准规定汽车电路统一采用负极搭铁，汽车搭铁点如图1-5所示。

2. 汽车电路由相对独立的分系统组成

汽车电路由相对独立的分系统组成，汽车各分系统在汽车上的位置如图1-6所示。全车电路一般包括以下几部分。

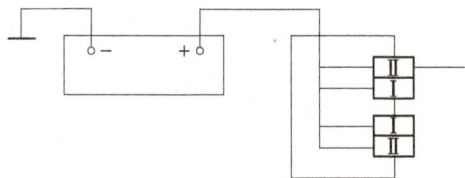

图1-5　汽车搭铁点

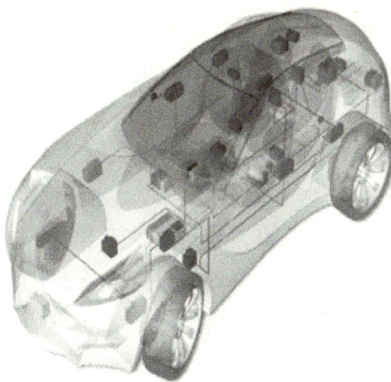

图1-6　汽车各分系统在汽车上的位置

（1）电源电路　电源电路由蓄电池、发电机、电压调节器及工作状况指示装置（电流表、充电指示灯）等组成。

（2）起动电路　起动电路由起动机、起动继电器、起动开关及起动保护装置组成。

（3）点火电路　点火电路由点火线圈、分电器、电子点火器、火花塞、点火开关等组成。

（4）照明与信号电路　照明与信号电路由前照灯、雾灯、示廓灯、转向灯、制动灯、倒车灯、电喇叭等及其控制继电器和开关组成。

（5）仪表与警告电路　仪表与警告电路由仪表、传感器、各种警告指示灯及控制器组成。

（6）电子控制装置电路　电子控制装置电路由电控燃油喷射系统、自动变速器电子控制装置、防抱死制动系统（ABS）、定速巡航控制系统及悬架平衡控制系统等组成。

（7）辅助装置电路　辅助装置电路由为提高汽车安全性、舒适性、经济性等各种功能的电器装置组成。辅助装置电路因车型不同而有所差异，一般包括风窗玻璃刮水/清洗装置、风窗玻璃除霜/防雾装置、起动预热装置、音响装置、车窗玻璃电动升降装置、电动座椅调节装置及中央电控门锁等。

3. 电气电路走向和布局

不同汽车各用电设备均根据其用途装在汽车上大致相同的位置，所以各个汽车的整体电气电路走向和布置大致相同，仅个别辅助电器不同。

4. 汽车电路有颜色和编号特征

为了便于区别各电路，汽车所有低压导线选用不同颜色的单色和双色线，并在每根导线上编号，编号由生产厂家统一编定。

5. 将导线做成线束

为了防止全车导线混乱，便于安装和绝缘保护，汽车上将导线做成线束。一辆汽车可以有多条线束。

四、电路搭铁不良故障特点和检测

1. 电路搭铁不良故障特点

（1）电子控制单元（ECU）搭铁不良，系统性能明显失常　ECU搭铁不良时，诊断仪无法与ECU进行通信。采用数字式万用表检测时，传感器端子没有5V参考电压。接通点火开关（或者起动发动机）时，ECU控制的部分执行器不工作，例如电动燃油泵不能短时运转。

（2）仪表指示反常　如果仪表板稳压器的电阻搭铁不良，稳压器将不能正常工作，当输出电压和输入电压相等时，将出现冷却液温度表及燃油表同时指示最大刻度的现象。

电路搭铁不良常出现在汽车剧烈碰撞之后。汽车经过剧烈碰撞以后，往往引起车架变形，或者插接器松动。另外，许多轿车的蓄电池安装在发动机旁或者座椅下面，与ECU、电器插接器等靠得很近，一旦蓄电池的电解液溢出，很容易对周边电器设备及搭铁点造成腐蚀。

2. 电路搭铁不良故障检测

1）起动机运转以后，若蓄电池的搭铁线温度过高，搭铁处甚至有烧红的现象，说明蓄电池的搭铁线接触不良。

2）在不带电的情况下测量搭铁点的电阻值时，用万用表的一根表笔可靠地连搭铁线，另一根表笔与车身金属部分相连接。

3）在电路处于通电的状态下，采用万用表测量搭铁点的电压降，其读数应很小（接近0）。

检测某点的搭铁情况时，应该测量该点对电源正极的电压，尽量不要测量该点对电源负极的电阻，这是因为万用表本身具有一定的内阻，测量出的电阻值误差较大。

五、汽车电子技术的发展

1. 当前汽车电子技术的发展

目前汽车电子技术向集中综合控制发展。

2. 未来汽车电子技术的发展

1）汽车的机械结构将发生重大的变化，汽车的各种操纵系统将向电子化和电动化发展，实现"线操控"。

2）汽车12V供电系统向42V供电系统转化。

3）汽车电子技术的应用将使汽车更加智能化（图1-7）。

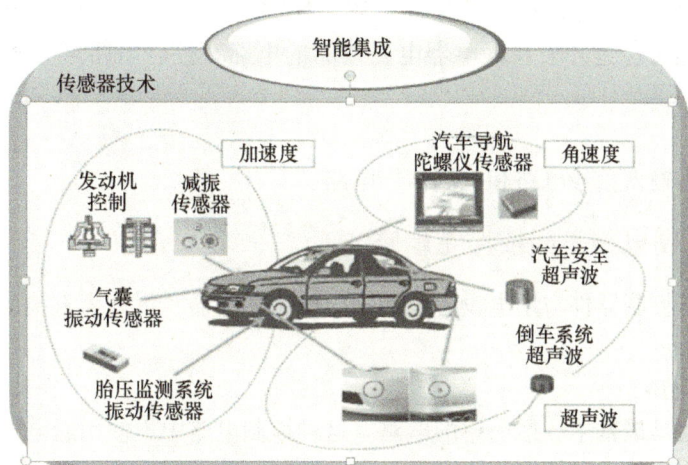

图1-7 汽车智能化

如今，社会进入了信息网络时代，人们希望汽车不仅仅是一种代步工具，更希望汽车提供生活及工作上的便利，在汽车上就像在自己的家里和办公室一样，可以收听广播、打电话、上互联网、处理工作等。随着数字技术的进步，汽车也将步入多媒体时代，具有信息处理、通信、导航、防盗、语言识别、图像显示和娱乐等功能。可以预见，在不久的将来，随着无人驾驶技术的发展，驾驶人可把行车的目的地输入到汽车ECU中，汽车会自动沿着最佳行车路线行驶到达目的地；人们还可以通过语音识别系统操作车内的各种设施，一边驾驶着汽车，一边欣赏着音乐、电视，上网预订饭店、机票等。

任务二 认知汽车电路的类型

一、电源电路、搭铁电路、控制电路和信号电路

汽车电路根据功能的不同，一般可分为电源电路、搭铁电路、控制电路及信号电路。

1. 电源电路

电源电路主要是为用电设备提供电源。电动机作为用电设备，蓄电池作为电源时，从蓄电池正极到电动机之间的电路为用电设备（电动机）的电源电路。电源电路分为常电源电路和条件电源电路两种。常电源电路就是在蓄电池正常的情况下，均有规定电压的电源线，

在电路图中一般采用 30 号线表示。条件电源就是在一定的条件下才有规定电压的电源线，即 15 号线。点火开关置于接通（ON）档和起动（ST）档时，30 号线经点火开关连接中央继电器盒内的 15 号线。

2. 搭铁电路

搭铁电路主要是为用电设备提供电源回路的电路。从电动机到蓄电池负极之间的电路为用电设备（电动机）的搭铁电路。搭铁电路在电路图中一般采用 31 号线表示。汽车上有多个搭铁点，分布在汽车全身，每个搭铁点采用不同数字表示，并与电路图的相同数字搭铁点相互对应。

3. 控制电路

控制电路主要是控制用电设备工作的电路。控制器件为开关和继电器，用电设备（电动机）的控制电路为经过开关和继电器电磁线圈的电路。控制电路可分为直接控制电路与间接控制电路。

4. 信号电路

信号电路分为输入信号电路和控制信号电路。

二、直接控制电路与间接控制电路

控制电路根据控制器件与用电设备之间是否使用继电器，可分为直接控制电路与间接控制电路。

1. 直接控制电路

直接控制电路是最基本、最简单的电路。这种控制电路中不使用继电器，控制器件与用电设备串联，控制器件直接控制用电设备。直接控制电路：蓄电池正极—电路保护装置—控制器件—用电设备（灯泡）—搭铁—蓄电池负极。汽车倒车灯电路如图 1-8 所示。

2. 间接控制电路

在控制器件与用电设备之间使用继电器或电子控制器的控制电路称为间接控制电路。

控制电路为控制器件和继电器内的电磁线圈所处的电路，主电路为用电设备和继电器内的触点所处的电路。汽车继电器工作原理如图 1-9 所示。一般工作电流大，工作时间短的用电设备的电流不直接经过开关，开关控制继电器的控制电路（电流较小），继电器的电源电路控制用电设备。

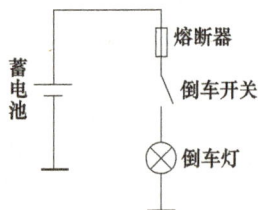

图 1-8 汽车倒车灯电路

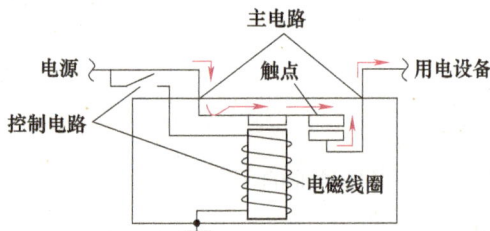

图 1-9 汽车继电器工作原理

三、电子控制电路与非电子控制电路

1. 非电子控制电路

非电子控制电路指的是由手动开关、压力开关、温控开关及滑动变阻器等传统控制器件对用电设备进行控制的电路。

2. 电子控制电路

目前电子控制已经取代其他控制模式成为现代汽车控制的主要方式，例如发动机的机械控制燃油喷射系统被电控燃油喷射系统所取代，自动变速器控制装置及 ABS 由液压控制转变为电子控制等。电子控制电路是指增加了信号输入元件和电子控制器件，由电子控制器件对用电设备进行自动控制的一种电路，此时用电设备一般称为执行器。

任务三 认知汽车电路连接

一、串联电路

电路中的元件或部件排列得使电流全部依次通过每一个元件或部件而不分流的电路连接方式称为串联。

1. 串联电路连接

串联电路是只有一个闭合路径供电流通过的电路。串联电路是最简单的电路形式。串联电路如图 1-10 所示。

2. 串联电路的电压、电流、电阻

以图 1-10 所示串联电路为例介绍串联电路的电压、电流、电阻。

串联电路总电压等于各部分电压之和：

$$U = U_1 + U_2 + U_3$$

串联电路总电流等于各部分电流：

$$I = I_1 = I_2 = I_3$$

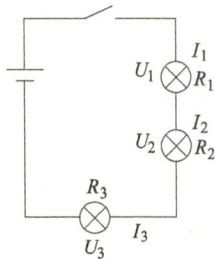

图 1-10 串联电路

串联电路总电阻等于各部分电阻之和：

$$R = R_1 + R_2 + R_3$$

➡ **例 1** 利用串联电路的特点计算图 1-11 中两个灯泡的电流和电压。

☞ **解：**
$$R = R_1 + R_2 = (4 + 2)\,\Omega = 6\Omega$$
$$I = I_1 = I_2 = U/R = (12/6)\,\mathrm{A} = 2\mathrm{A}$$
$$U_1 = I_1 R_1 = (2 \times 4)\,\mathrm{V} = 8\mathrm{V}$$
$$U_2 = I_2 R_2 = (2 \times 2)\,\mathrm{V} = 4\mathrm{V}$$

二、并联电路

把电路中的元件并列地接到电路中的两点间，电路中的电流分为几个分支，分别流经几个支路上的元件的连接方式称为并联。

1. 并联电路连接

在并联电路中，每个支路上都加有蓄电池电压，增加支路不会降低电压但会分走电路上一部分的电流。并联电路的每个支路相当于一个单独的串联电路。并联电路是汽车上最常见的电路。并联电路如图1-12所示。

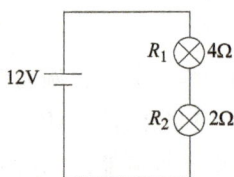

图 1-11

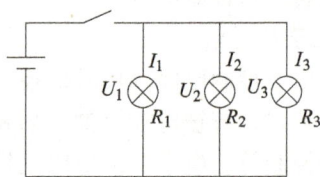

图 1-12 并联电路

2. 并联电路的电压、电流、电阻

以图1-12所示并联电路为例介绍并联电路的电压、电流、电阻。

并联电路总电压等于每个支路电压：

$$U = U_1 = U_2 = U_3$$

并联电路总电流等于每个支路电流之和：

$$I = I_1 + I_2 + I_3$$

并联电路的总电阻的倒数等于每个支路电阻倒数之和，总电阻小于最小的单个支路电阻：

$$1/R = 1/R_1 + 1/R_2 + 1/R_3$$

➡ **例2** 利用并联电路的特点计算图1-13中两个灯泡的电流和电压。

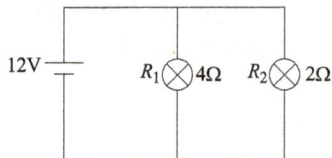

图 1-13

☞ **解**：$R = 1/(1/R_1 + 1/R_2) = [1/(1/4 + 1/2)]\ \Omega$

$\qquad\quad = (4/3)\ \Omega$

$\qquad I = U/R = [12/(4/3)]A = 9A$

$\qquad U = U_1 = U_2 = 12V$

$\qquad I_1 = \dfrac{12}{4}A = 3A \qquad I_2 = \dfrac{12}{2}A = 6A$

━━━━━ 课后练习 ━━━━━

一、填空题

1. 汽车电路有_____、_____、_____、_____四个主要特点。

2. 汽车电路主要由_____、_____、_____及_____组成。

3. 汽车上装有两个电源，即_____和_____。

4. 全车电路一般包括_____、_____、_____、_____、_____几个部分。

5. 汽车上的导线包括_____导线和_____导线。

二、选择题

1. 关于串联电路的说法正确的是（　　　）。

　　A. 串联电路中，流过各个负载的电流大小相等

　　B. 串联电路的总电阻是各个负载电阻的乘积

　　C. 串联电路中，各个负载的端电压与总电压相等

　　D. 串联电路中电阻大的负载分压较小

2. 关于并联电路的说法错误的是（　　　）。

　　A. 并联电路的总电阻是各个负载电阻之和

　　B. 并联电路的总电阻的倒数等于各个负载电阻的倒数之和

　　C. 并联电路各个负载电阻的端电压等于总电压

　　D. 并联电路总电流等于各支路电流之和

3. 关于混联电路的描述正确的是（　　　）。

　　A. 混联电路不能够计算总电阻

　　B. 混联电路的总电流等于各支路电流之和

　　C. 混联电路可以利用串联、并联电路知识进行简化

　　D. 混联电路的功率大于并联电路

4. 一般工作电流大，工作时间短的用电设备的电流不直接经过（　　　）。

　　A. 开关　　　　　　B. 熔断器　　　　　　C. 继电器　　　　　　D. 电流表

5. 起动机电缆线为（　　　）。

　　A. 高压导线　　　　B. 低压导线　　　　C. 屏蔽线　　　　D. 网线

三、讨论

1. 讨论话题：串联电路的公式有哪些？

2. 讨论话题：并联电路的公式有哪些？

汽车电路的基本元件认知

项目说明

认知汽车电路必须要从认知电路元件开始。认知电路元件是解决汽车电路问题的基础，了解越详细，问题分析也越透彻。本项目主要介绍电路中各个元件的作用、结构位置、工作原理等。

项目目标

1. 能够识别电路中的基本元件。
2. 能够清楚了解各基本元件的功能与特点。
3. 能够对汽车电路基本元件进行检测，判断其性能好坏。
4. 具有良好职业素质，能进行安全文明操作。

任务一 认知汽车用导线和线束

一、普通导线

普通导线（图2-1）通常由多股细铜线制成。导线采用多股形式可以有较好的抗折性，不容易因反复振动而折断。普通导线由铜芯和外包的绝缘材料两部分组成。绝缘材料通常使用聚氯乙烯（PVC）材料。PVC材料有几点优势：大电流下不会融化；不会产生明火；重量轻。

二、屏蔽导线

屏蔽导线（图2-2）的主要作用是防止电磁干扰。如果信号线束靠近大电流或高电压的线束或元件，信号导线就会受到电磁干扰而导致信号失准。屏蔽导线外层包裹着铝箔或网状线束用于搭铁，电磁干扰被直接搭铁消除。

三、汽车导线特点

汽车导线比较多，必须进行区分：汽车上的每条电路都有各自的电路编号；每条导线都有各自的颜色；导线可以是单色的，也可以是带条纹的；有通信使用的双绞线；有不能进行

图 2-1　普通导线

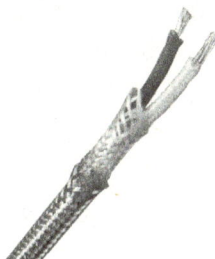

图 2-2　屏蔽导线

弯折的光纤通信线。汽车导线如图 2-3 所示。

四、汽车线束

在汽车上，为了使全车电路不混乱、安装方便，以及保护导线不被水、油浸蚀和磨损，汽车导线除高压导线和蓄电池导线外，都用绝缘材料包扎成束，称为线束。汽车线束如图2-4所示。汽车线束是汽车电路的网络主体，在汽车线束中，最重要的组成部件是导线。

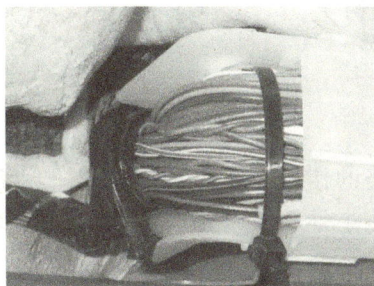

图 2-3　汽车导线

图 2-4　汽车线束

导线将电流送入及导出用电设备，大部分导线是铜质的。汽车上所用导线的截面积大小决定了其允许通过电流的大小。线束由蛇形管、绝缘胶布、分线点、线束插头等组成。

五、汽车线束的安装

安装汽车线束时，注意事项如下：

1）线束应用卡簧和绊钉固定，以免松动磨坏。

2）线束在拐弯处或要求有相对位移的部件处不应拉得太紧。

3）在穿过洞口和绕过锐角处时，应用橡胶、毛毡类的垫子或套管进行保护，避免使其磨损而造成搭铁、短路甚至酿成火灾。

六、维修线束时应注意的问题

汽车线束在长期的使用过程中，由于水、油的侵蚀以及磨损，容易出现外面的包皮损坏或导线折断的情况，这就需要更换导线、包扎线束。

自制线束时，如果有线束图，自制线束就很方便。

进口汽车线束和国产汽车线束的结构基本相同，但往往缺少线束图。修理时需重新自制线束的情况下，如果没有尺寸根据，可将旧线束拆下，实测出各部分的长度，也可在汽车上直接大概测量其尺寸（通常从车前端往后测量）。在包扎线束时，应按照线束原来的形式分支，露出部分应符合规定长度，插头不能有裸露部分，焊接的地方应加绝缘套管并进行包扎。

任务二 认知熔断器和插接器

一、熔断器

熔断器是汽车的电路保护装置，用来保护导线和电子元器件，避免由于过大的电流导致电路及电气元件过热或燃烧。熔断器结构如图 2-5 所示。

汽车上常见的电路保护装置有熔断器、易熔线、断路器或其组合。熔断器基本都是插在汽车的熔断器盒中，两端插脚间接有一个可以熔化的熔丝，熔丝由铅合金制成，当有过大的电流通过时，熔丝就会被熔化，从而切断电路，避免电路和电路部件的损坏。熔断器由熔丝、电极和支架 3 部分组成。

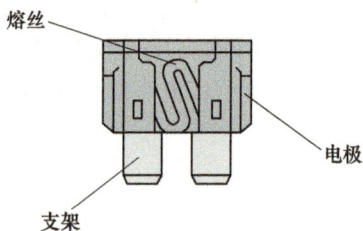

图 2-5　熔断器结构

1. 熔丝

熔丝是熔断器的核心，熔丝熔断时起到切断电路的作用。同一种类、同一规格的熔丝，材质要相同、几何尺寸要相同、电阻值尽可能地小且要一致，最重要的是熔断特性要一致。

2. 电极

电极通常有两个，它是熔丝与电路连接的重要部件。它必须有良好的导电性，不应产生明显的安装接触电阻。

3. 支架

熔断器的熔丝一般都纤细柔软，支架的作用就是将熔丝固定并使熔丝、电极和支架 3 个部分成为刚性的整体，便于安装使用。它必须有良好的机械强度、绝缘性、耐热性和阻燃性，在使用中不应产生断裂、变形、燃烧及短路等现象。

二、熔断器的种类与特点

熔断器在汽车上有大量的应用，对于不同的电气系统，熔断器的种类和特点都有所不同，了解熔断器的种类和特点有利于对其进行检查和判断。熔断器种类如图 2-6 所示。

汽车上常见的熔断器有叶片式熔断器、盒状熔断器（图 2-6 右侧所示）和平板式熔断器（图 2-6 左侧所示）。

三、熔断器的种类与熔断特性

不同类型的熔断器，根据其结构的不同，都有不同的特点。

1. 叶片式熔断器

叶片式熔断器（图 2-7）根据熔断器的尺寸可分为小号、中号和大号。熔断器上都标明了它们的额定电流，如果流经熔断器的电流超过该值，熔断器中的熔丝会在一定时间内熔断。熔断器以不同颜色代表不同的额定电流。熔断器的后端有两个测量点，可以进行熔丝在线的测量。

图 2-6　熔断器种类

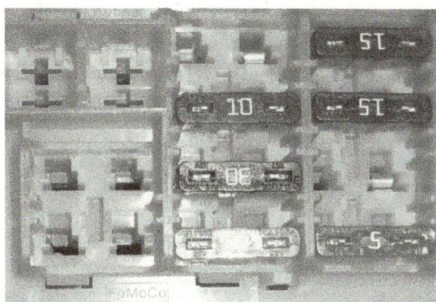

图 2-7　叶片式熔断器

不同颜色叶片式熔断器对应的额定电流见表 2-1。

表 2-1　不同颜色叶片式熔断器对应的额定电流

颜　色	额定电流/A	特　性
黑色	1	
灰色	2	
紫色	3	在汽车电气系统检测与诊断中，可以利用熔丝的金属特性进行诊断，大大降低诊断的难度，缩短诊断的时间
褐色	5	在110%的额定电流下，熔丝不会熔断
棕色	7.5	在135%的额定电流下，熔丝会在 60min 内熔断
红色	10	在150%的额定电流下
蓝色	15	30A 以下时，熔丝会在 30s 内熔断
黄色	20	20A 以下时，熔丝会在 15s 内熔断
无色（透明）	25	
绿色	30	

2. 盒式熔断器

盒式熔断器如图 2-8 所示。电路要求通过大电流时一般采用盒式熔断器。盒式熔断器上都标有额定电流的数值，可以通过颜色区分其额定电流的大小。

盒式熔断器同叶片式熔断器一样都是插在熔断器盒中，盒式熔断器的额定电流一般比较大。不同颜色盒式熔断器对应的额定电流见表 2-2。

图 2-8　盒式熔断器

表 2-2　不同颜色盒式熔断器对应的额定电流

颜　色	额定电流/A
黄色	20
浅绿	30
橙黄色或淡黄色	40
蓝色	60
红色	50

3. 平板式熔断器

平板式熔断器（图 2-9）是一种重要的熔断器，它在汽车上使用比较少，所以容易在诊断与维修中被忽视。平板式熔断器一般装在靠近电源处，其额定电流比盒式熔断器大，一般用在大的用电设备或汽车的供电电路上。平板式熔断器是通过螺栓连接在电路中的，在难以使用断路器的场合，通常使用平板式熔断器，可以节约部分空间。

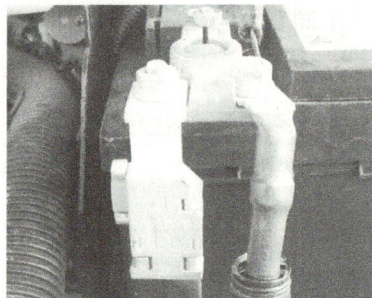

图 2-9　平板式熔断器

4. 熔断器位置

汽车上的熔断器按编号排序规律分布在各个接线盒中。在维修过程中要想找到某个编号的熔断器，需要分三步完成：

1）确定要查询的熔断器。

2）通过目录找到该熔断器所在的熔断器信息列表。

3）通过熔断器信息列表查询熔断器具体位置。

5. 熔断器确认

在分析系统电路图的过程中，如果涉及熔断器元件并需要对其进行检查或测量，则可以通过系统电路图确认此熔断器的编号和所属接线盒。某车型系统电路如图 2-10 所示。

熔断器的确认步骤通常如下：

1）查阅系统电路图。

2）找到熔断器。

3）确认熔断器编号，如图 2-10 中所示的 F26 熔断器。

4）确认熔断器所属接线盒，如 F26 在"车身控制模块（BCM）"中。

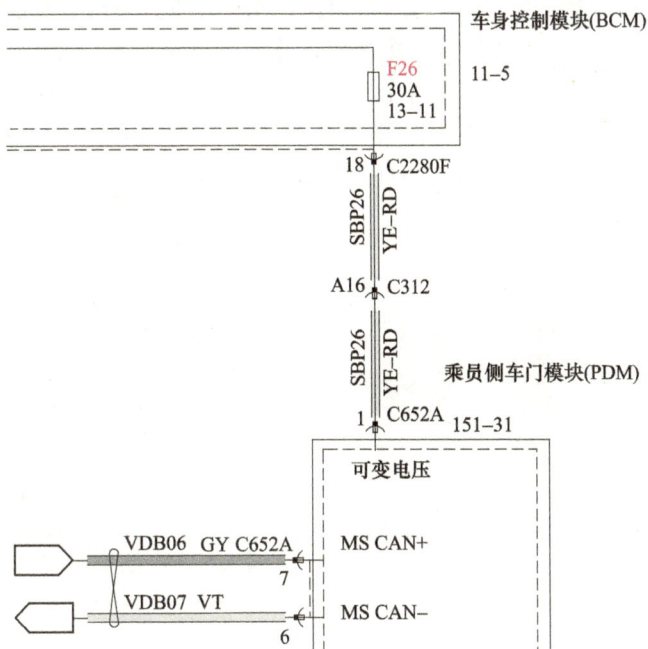

图 2-10 某车型系统电路图

四、插接器

汽车电路中的插接器是汽车电路中经常用到的一种元件。它的作用是在电路中将不同导线连接在一起，从而使电流流通，使电路实现预定的功能。

插接器（图 2-11）在汽车电气系统维修中的作用：便于汽车电气系统线束的拆装；便于汽车故障的检测；在故障多发的位置方便更换。

1. 插接器的结构

汽车插接器主要由外壳、针脚和附件组成。插接器的结构如图 2-12 所示。

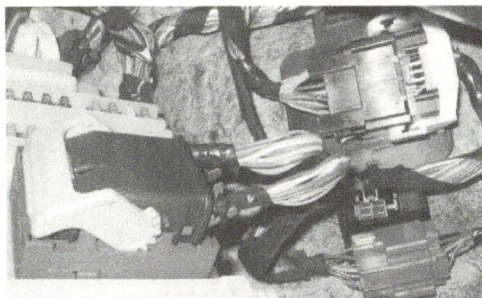

图 2-11 插接器

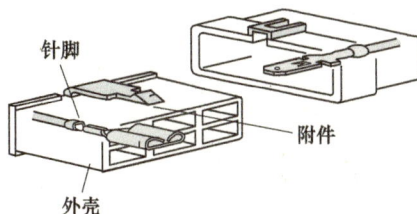

图 2-12 插接器的结构

2. 插接器的分类

插接器可以按照连接部件和插接器结构进行分类。

（1）按连接部件分类　插接器按连接部件分类有两种类型：线和线插接器、线和组件插接器（图2-13）。线和线插接器指插接器两端连接的都是线束，插接器起到连接的作用；线和组件插接器指线束连接到某些组件上的插接器。

（2）按插接器结构分类　插接器按插接器结构分类可以分为公插接器和母插接器（图2-14）。公插接器上主要是插针，母插接器上主要是插孔。

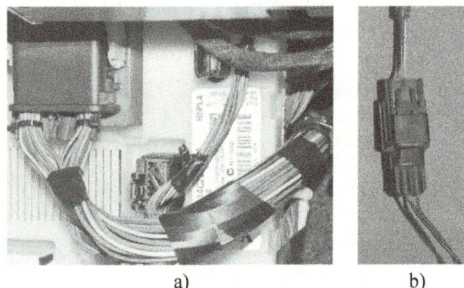

图2-13　按连接部件分类的插接器
a）线与组件插接器　b）线与线插接器

图2-14　按插接器结构分类的插接器

3. 插接器的检修

在检查电路的电压或导通情况时，不必脱开插接器，只需将万用表两表针插入插接器尾部的线孔内进行检查即可。修理中，如果需要更换导线或取下插接器接线端子，应先把插接器和插座分开，再将螺钉旋具插入插接器或插座的尾部的线孔内，撬起导线锁紧凸缘，并将导线从后端拉出。安装时，将导线头推入，直至接线端子被锁住为止，然后向后拉动导线以确认是否锁紧。

五、插接器符号

插接器在不同的电路中有不同的画法，电路图中常见的插接器的符号见表2-3。

表2-3　电路图中常见的插接器的符号

符号	常见的插接器	符号	常见的插接器
	直接接到组件的插接器		虚线代表线端属于同一插接器
	连接组件导线的插接器（引出端）		有镀膜的插接器

（续）

符号	常见的插接器	符号	常见的插接器
●———	内嵌式插接器	———○	母插接器
●———	公插接器		

六、插接器编号

插接器在电路图中的编号由"类型编号+序号"组成。在有些车型中，搭铁点的类型编号均使用"C"表示。

序号的编写没有规律，但其保证了全车所有的插接器的序号不重复。

图 2-15 中圈出来的插接器的编号是 C219，"C"为插接器类型编号，"219"为此插接器的序号，"11"表明该电路在插接器 C219 中的 11 号插脚进行连接。

七、插接器位置

在汽车维修过程中，需要找到插接器的位置，可以通过"部件位置表"（图 2-16）找到相应列表信息，再根据"部件位置表"提供的相应坐标，从"部件位置图"（图 2-17）找到插接器位置。

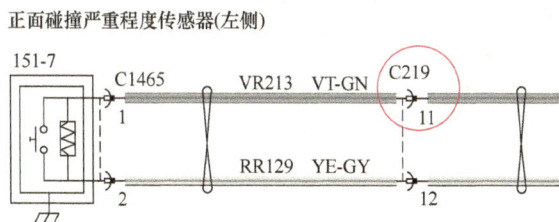

正面碰撞严重程度传感器(左侧)

图 2-15　插接器的编号

部件位置表　152-16

接插件		单元 151
	位置	页码
C215	仪表板后面，右侧............	7 – A5
C216A	方向盘内部............	19 – F3
C217	方向盘内部............	19 – D7
C218A	转向管柱............	20 – A3
C218B	方向盘内部............	19 – F7
C218C	在转向管柱中............	20 – A5
C218E	方向盘内部............	19 – F7
C219	右后方的发动机舱............	8 – B1
C219	在仪表板，右侧............	17 – D1
C220	在仪表板，上面转向柱........	18 – A4

图 2-16　部件位置表

可以在部件位置表中找到 C219 位于 151-8 单元格 B1 和 151-17 单元格 D1 中（图 2-16圈出）。

由于插接器 C219 用于连接右后方发动机舱与驾驶室仪表板右侧的线束，所以会有两张部件位置图表述 C219 的位置信息（图 2-17 圈出）。

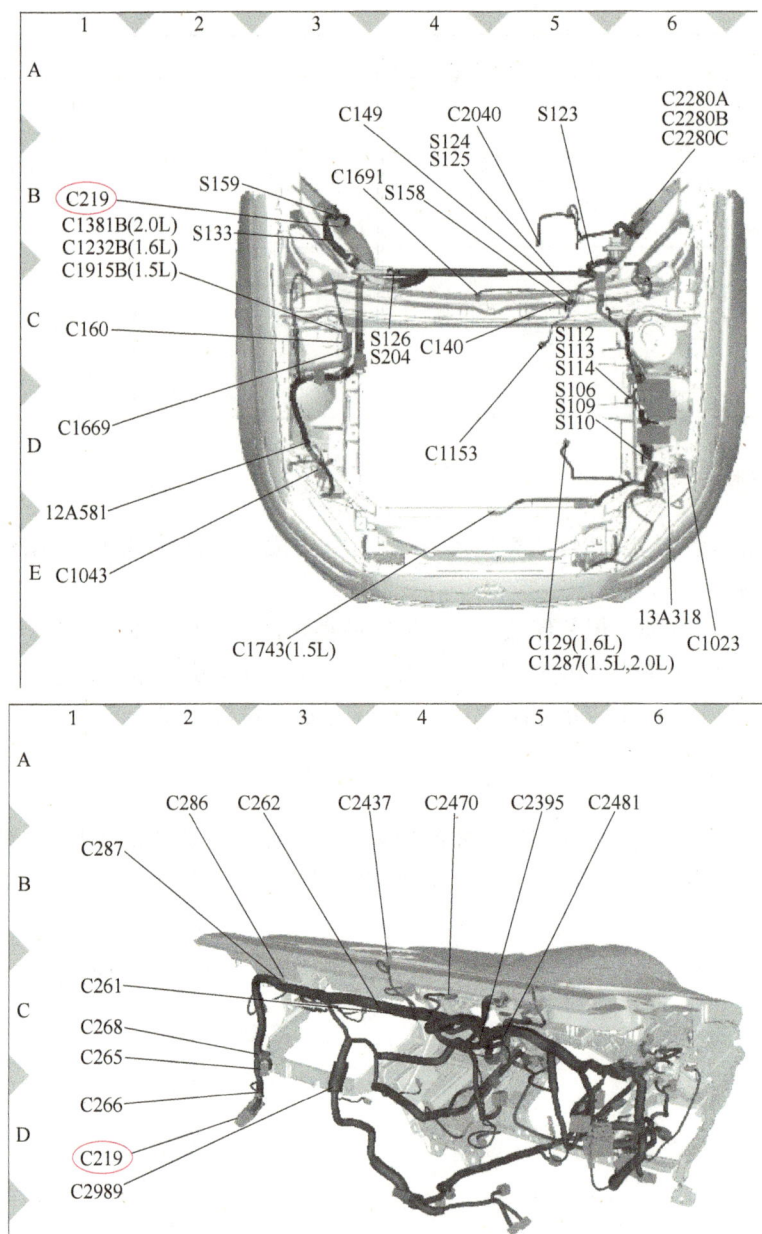

图 2-17　部件位置图

八、插接器信息

在"插接器信息视图"中，可以查阅到有关插接器的各种详细信息，例如针脚数、相关电路、规格、区分条件。插接器信息视图如图 2-18 所示。

针脚数	相关电路	规格	区分条件
1	LLF15(WH–GN)	20	12A581
1	LLF15(WH–GN)	22	14401
2	RLF15(GN–BU)	20	12A581

图 2-18　插接器信息视图

任务三　认知开关、继电器和交流接触器

一、开关

开关是电路中的通断装置，起着接通或断开电路的作用。汽车上常见的开关主要有瞬时接触开关、扳动式开关、控制型开关。汽车上的开关如图 2-19 所示。

1. 瞬时接触开关

瞬时接触开关一般只在操作时才能处于接通状态，不操作时自动断开。

（1）瞬时接触开关的原理　瞬时接触开关内部有簧压触点，弹簧使触点保持断开，当按下开关的顶部按键时，开关里的触点就会瞬时接通，当松开顶部按键后，触点断开，例如喇叭开关和中控开关。瞬时接触开关原理如图 2-20 所示。

图 2-19　汽车上的开关

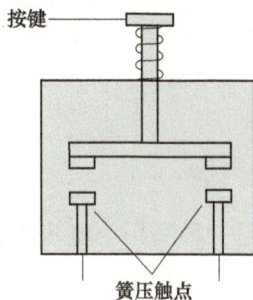

图 2-20　瞬时接触开关原理

（2）瞬时接触开关的应用　喇叭开关是典型的瞬时接触开关。按下开关按钮时，喇叭发出声响，松开开关按钮时触点断开，声响随之停止。喇叭开关如图 2-21 所示。

2. 扳动式开关

扳动式开关一般需要人工扳动才能处于工作状态。与瞬时接触开关不同的是，当停止操作后，扳动式开关并不会自动回位，只能通过再一次的扳动才能恢复初始状态。

（1）扳动式开关的原理　当扳动开关后，扳动式开关保持在扳动位置，使电路导通，控制电路中的设备进行工作。扳动式开关如图 2-22 所示。

图 2-21　喇叭开关

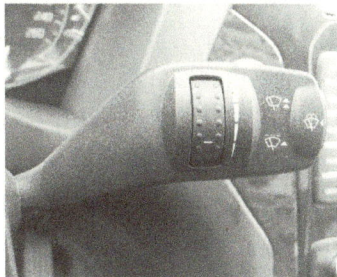

图 2-22　扳动式开关

（2）扳动式开关的应用　灯光开关中的转向灯开关就是扳动式开关，它通过上下扳动来改变转向灯的工作状态。转向灯开关如图 2-23 所示。

3. 控制型开关

控制型开关一般通过开关状态的变化来控制某些功能。控制开关在汽车上的应用非常广泛，虽然形式各有不同，但是基本原理是相同的，液位开关是一种控制型开关。

液位开关（图2-24）放置在油液壶内，通过壶内液位的上下浮动，控制液位开关接通或断开，从而能够提醒驾驶人液位的高低。

图 2-23　转向灯开关

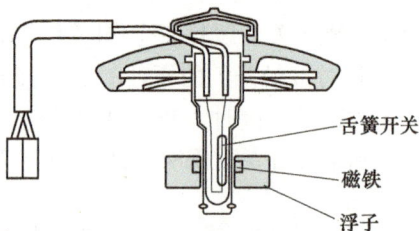

图 2-24　液位开关

二、继电器

继电器是一种利用小电流电路控制大电流电路的电动开关。汽车的发动机、车身等电子控制系统中都大量使用了继电器，它是汽车使用最多的电子元器件之一。继电器外观如图2-25所示。

继电器通常是由开关或者控制模块控制，为执行器提供电源的电气元件。继电器是故障的多发点，也是诊断的测量点。继电器有以下特点：

图 2-25　继电器外观

1）继电器与开关或者控制模块连接，可以在继电器的位置对开关或者控制模块的控制端进行测量。

2）继电器与电源连接，在继电器的位置可以对用电设备的电源进行测量。

3）继电器与用电设备相连，可以在继电器的位置对用电设备进行测量，尤其是在用电设备不容易拆装的情况下。

1. 继电器的结构

继电器主要由线圈和触点两个部分组成（图2-26）。

继电器中的线圈起到控制作用。触点的状态取决于线圈是否产生磁场。当线圈中通电产生磁场，触点闭合后，被控制的用电设备即开始工作。图2-26中，85和86端子是线圈两端，属于控制部分；87和30端子是触点两端，属于被控制部分（即输出端）。

2. 四脚继电器的工作原理

汽车继电器多为四脚继电器，四脚继电器的工作原理如图2-27所示。当继电器电路开关闭合后，电流从蓄电池正极经过继电器的线圈端子后流回蓄电池的负极，线圈两端就会产生磁场，线圈产生磁场后，就会吸引触点闭合，从而实现小电流控制大电流。

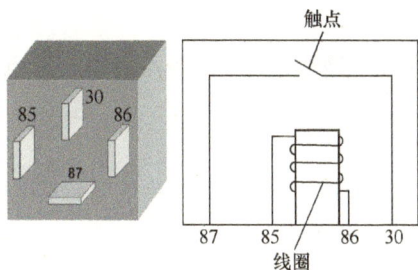

图 2-26 继电器的结构

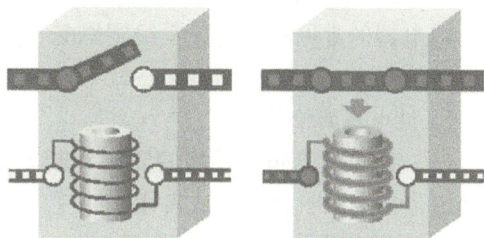

图 2-27 四脚继电器的工作原理

3. 五脚继电器的工作原理

五脚继电器的工作原理与四脚继电器基本相同，只是在继电器不工作时有一触点一直处于常闭状态。五脚继电器的工作原理如图 2-28 所示，当继电器线圈端子通电后，线圈产生磁场，线圈产生的磁场吸引触点移动到另一侧，与另一侧端子接合。所以五脚继电器也称为枢纽继电器，可以起到转换功能的作用。

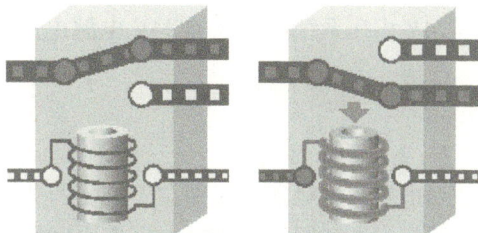

图 2-28 五脚继电器的工作原理

4. 继电器的作用

继电器起开关作用，它利用电磁效应或其他方法控制某一电路的接通或断开，实现用小电流控制大电流，从而减小控制开关触点的电流。在分析带继电器的电路时，要分清主电路和控制电路，继电器控制电路如图 2-29 所示。

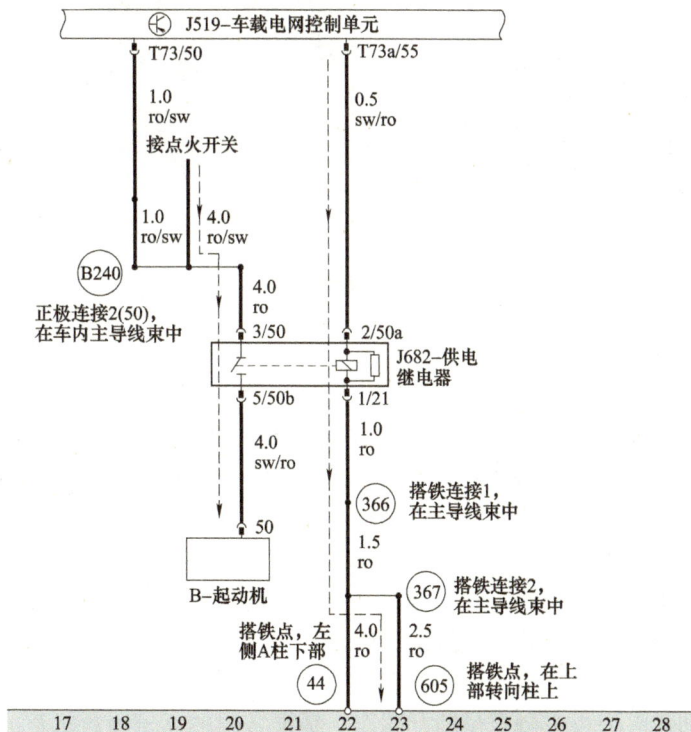

图 2-29 继电器控制电路

5. 继电器的常见故障

继电器的常见故障现象：线圈烧断、线圈匝间短路（绝缘老化）、触点烧蚀、触点接触不良等。

6. 继电器的检修

（1）继电器需进行检修的简便判断方法　接通控制开关，然后用耳朵或听诊器倾听控制继电器内有无吸合声，或者用手感受一下继电器有没有振动感。

（2）继电器的检测

1）检测电阻。可用万用表电阻档判断继电器电阻的好坏。

2）通电检测。如果上述检查无问题，可在图 2-26 中接线端子 85 与 86 间加 12V 电压（24V 电压系统汽车施加 24V 电源电压），用万用表检查 30 与 87 接线端子，是否导通。

三、交流接触器

1. 交流接触器简介

继电器和接触器的区别在于承受的载荷不同，电流容量大的是接触器，小的是继电器。接触器是一种利用线圈流过电流产生磁场使得触头闭合，以完成对负载控制的电器。交流接触器作为接触器的一种，完成的也是控制负载的任务，只是在原基础上多了一个前提条件：线圈中流过的是交流电流。交流接触器目前已得到广泛应用，常见的有 CJX2、CJ20、CJT1、B 等系列产品，交流接触器外观如图 2-30 所示。

图 2-30　交流接触器外观

2. 交流接触器的结构

交流接触器主要由电磁系统、触点系统、灭弧装置、绝缘外壳及附件构成。其中，电磁系统包括吸引线圈、动铁心和静铁心；触点系统包括主触点、常开辅助触点、常闭辅助触点；灭弧装置用于在需要时迅速切断电弧，以免烧坏主触点；绝缘外壳及附件包括各种弹簧、传动机构、接线柱等。交流接触器的结构如图 2-31 所示。

3. 交流接触器的工作原理

在交流接触器中，当线圈通电时，静铁心产生的电磁力将动铁心吸合，进而带动三条动触片动作，使得主触点呈闭合状态，辅助常闭触点呈断开状态，辅助常开触点呈闭合状态，电源接通；当线圈断电时，静铁心产生的电磁力消失，动铁心在弹簧作用下与静铁心分离，三条动触片产生动作，使得主触点呈断开状态，辅助常闭触点呈闭合状态，辅助常开触点呈断开状态，电源切断。交流接触器的工作原理如图 2-32 所示。

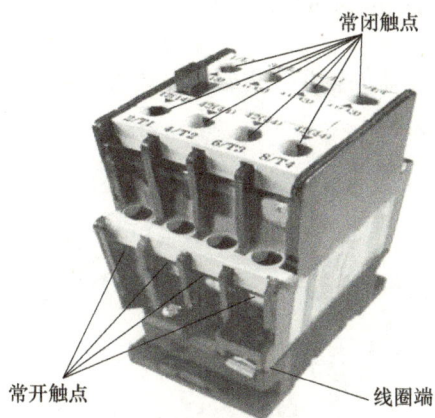

图 2-31　交流接触器的结构

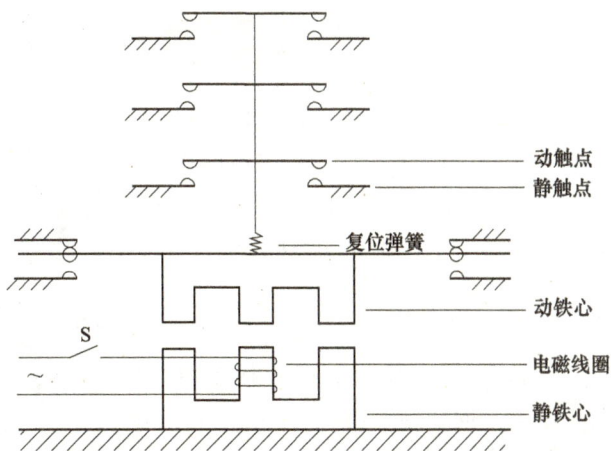

图 2-32　交流接触器的工作原理

4. 交流接触器的使用接法

在使用交流接触器之前，应先了解其工作原理，了解其外加电源特点，以免由于使用不当而产生问题。一般三相接触器共 8 个点，有 3 个输入接口、3 个输出接口和 2 个控制点，若加入自锁，则还需将 1 个输出接口接到控制点上。交流接触器的使用接法如图 2-33 所示。

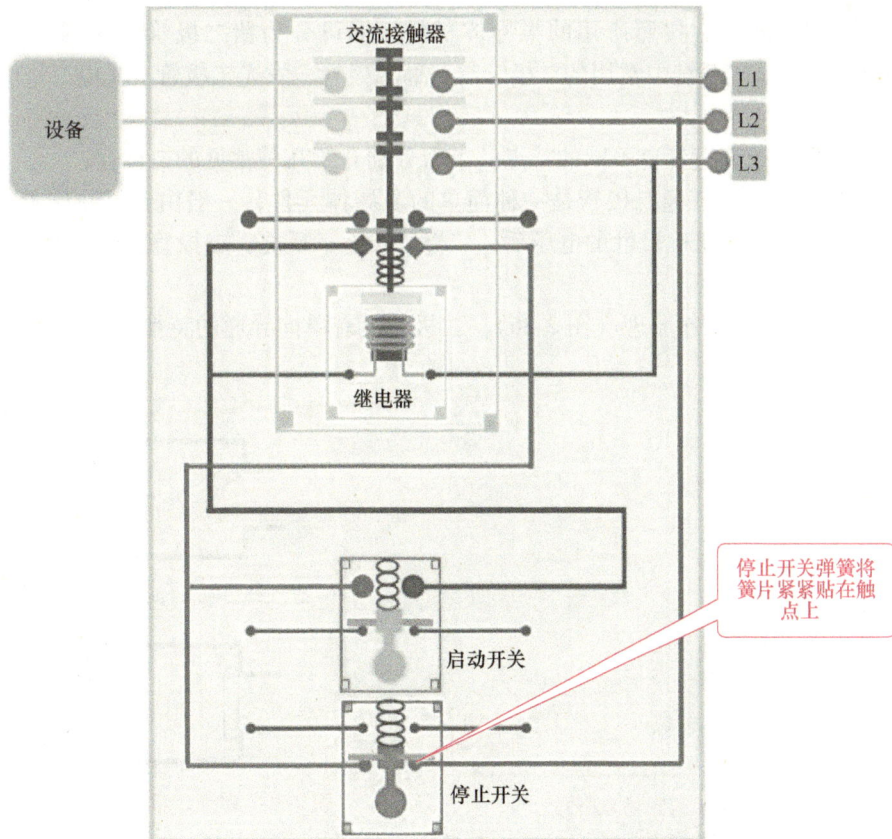

图 2-33　交流接触器的使用接法

任务四 认知二极管和晶体管

电子控制中采用了大量的半导体器件，常见的半导体器件就是二极管和晶体管。

二极管（图 2-34）在电子电路中的应用非常广泛，对二极管功能的理解有利于整个电子电路功能的理解。

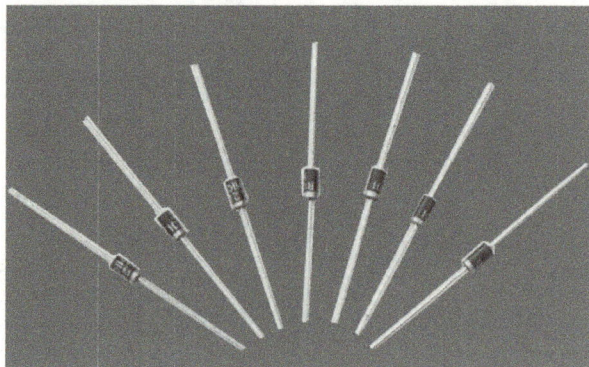

一、二极管

二极管是具有两个接线极的元件，具有单向导通特性。

1. 二极管的功用

1）整流：将交流电转变为直流电。

2）控制可能对电子电路造成损害的高电压。

图 2-34 二极管

3）稳压二极管可以起到稳定电压的作用。

4）二极管在电路中可以起到检波的作用。

2. 二极管的种类

二极管的种类很多，按照所用的半导体材料不同可分为锗二极管（Ge 管）和硅二极管（Si 管）。汽车电气系统中常用的二极管有普通二极管、发光二极管、光电二极管。

3. 二极管的特性

不同种类的二极管有各自不同的特点，下面分别介绍几种常见的二极管。

（1）普通二极管 普通二极管是一种简单的半导体元件，一般由经过特殊处理的硅制成，在二极管两端施加正确极性的电压后，二极管导通，反之，二极管截止。普通二极管的实物与符号如图 2-35 所示。

1）普通二极管的工作原理（图 2-36）。二极管具有单向导通的特性，当加有正确方向

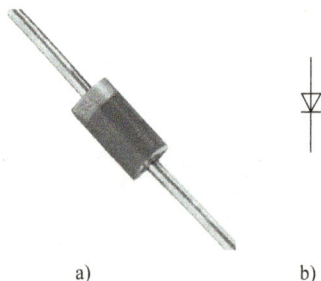

图 2-35 普通二极管的实物与符号

a）实物 b）符号

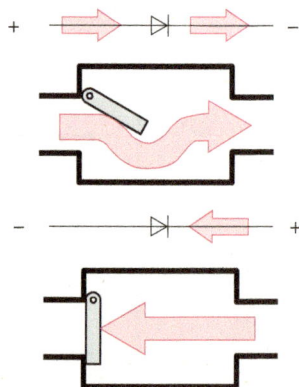

图 2-36 普通二极管的工作原理

（极性）的电压时，二极管变为导体，电流通过电路；如果外加反向电压，则二极管可视为绝缘体，阻断电流。

2）普通二极管的应用（图2-37）。发电机上的整流器就是应用的普通二极管，图2-37中的1、2、3都是二极管。

（2）发光二极管（LED） 发光二极管结构与普通二极管一样，但通常用砷化镓取代硅作为半导体的原材料，发光二极管的实物与符号如图2-38所示。

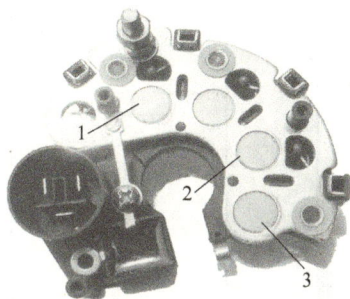

图2-37 普通二极管的应用

1~3—二极管

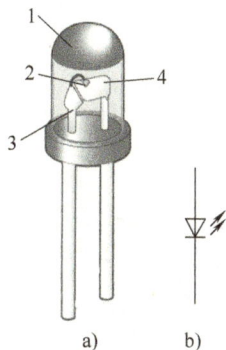

图2-38 发光二极管的实物与符号

a）实物 b）符号

1—外壳 2—发光二极管 3—发光二极管正极 4—发光二极管负极

1）发光二极管的原理（图2-39）。在发光二极管上，当施加正向电压时，能够让电流通过二极管后发光；当施加反向电压时，二极管不导通，无电流通过二极管，因此不发光。发光二极管必须始终与一个电阻串联在一起，以便限制经过发光二极管的电流，防止其损坏。

2）发光二极管的应用（图2-40）。汽车制动灯就是利用发光二极管的原理制成的，具有发热量低、使用寿命长、工作电流小、反应迅速、成本低等优点。

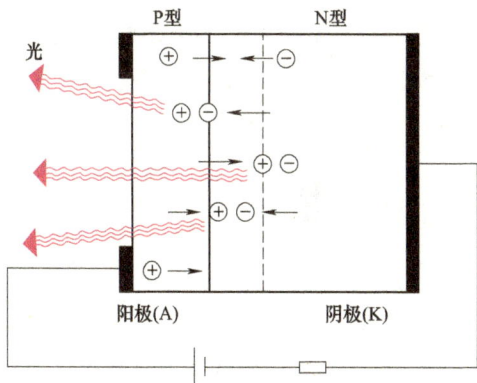

图2-39 发光二极管的原理

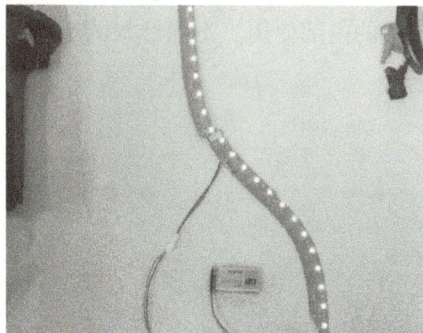

图2-40 发光二极管的应用

（3）光电二极管 光电二极管的核心部分也是一个半导体材料，和普通二极管相比，其在结构上不同的是，为了便于接收入射光，光电二极管半导体材料的面积应尽量大一些。

光电二极管的符号是在普通二极管的基础上加 2 个箭头代表入射光。光电二极管符号及由光电二极管制成的传感器如图 2-41 所示。

1）光电二极管的原理（图 2-42）。光电二极管的原理与发光二极管正好相反，在电路中不是用它作为整流元件，而是通过它把光信号转换成电信号。当有光源照射到光电二极管上时，二极管将电路导通，使电流流经用电设备。

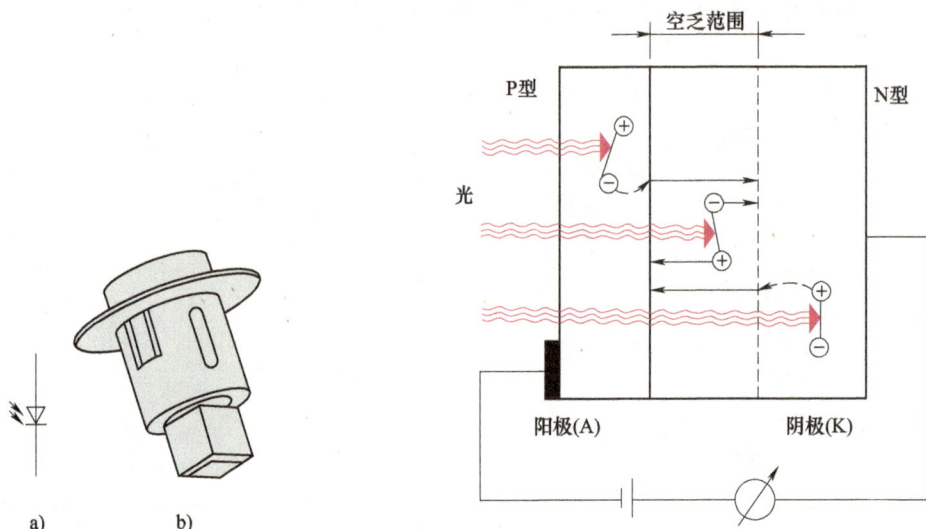

图 2-41　光电二极管符号及由光电
二极管制成的传感器
a）符号　b）传感器

图 2-42　光电二极管的原理

2）光电二极管的应用（图 2-43）。光电二极管在长安福特汽车上也有应用，例如其空调控制系统中的日光传感器就包含光电二极管。

二、晶体管

晶体管已经越来越多地替代了传统的继电器来实现对执行器的控制，但晶体管一般在计算机模块的内部使用。不同形状的晶体管如图 2-44 所示。

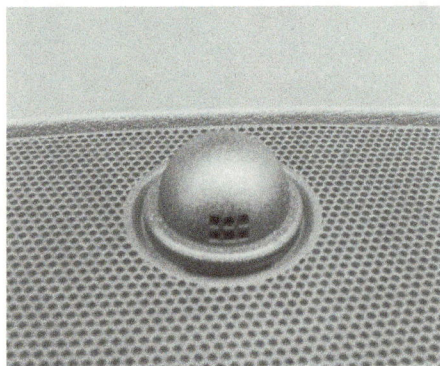

图 2-43　光电二极管的应用

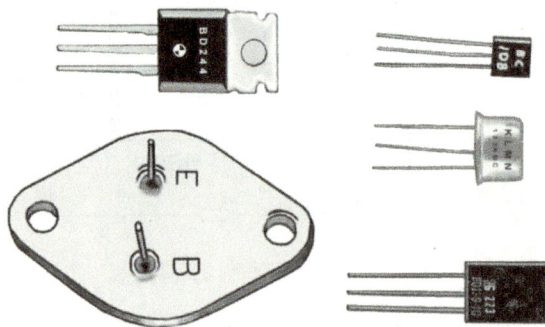

图 2-44　不同形状的晶体管

1. 晶体管的结构

晶体管可以看成是两个普通二极管结合在一起形成的，目前晶体管有 PNP 和 NPN 两种类型，要了解晶体管的特性，首先要知道晶体管的结构。晶体管的结构如图 2-45 所示。

从图 2-45 中可以看出，晶体管具有 3 个端脚，带箭头的端脚称为发射极（E），连接在"T字形"上的端脚称为基极（B），另外一个端脚称为集电极（C）。

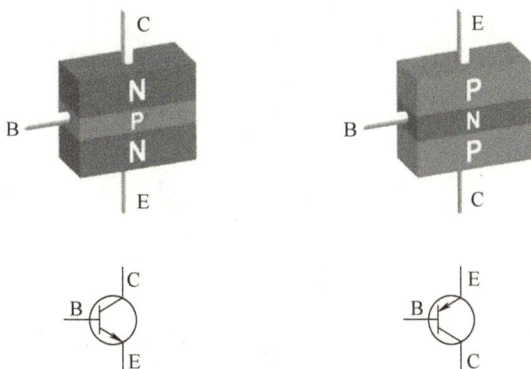

图 2-45　晶体管的结构

2. 晶体管的工作原理

晶体管主要有两个作用，即开关和放大。

晶体管的工作原理如图 2-46 所示，NPN 型晶体管的基极（B）上加一个很小的电压就可以使集电极（C）和发射极（E）导通，这样就使 R₁ 中有电流流过，起到小电流控制大电流的作用。

PNP 型晶体管的放大作用，主要是通过它的发射极（E）电流能够通过基极（B）传输，然后到达集电极（C）而实现的。

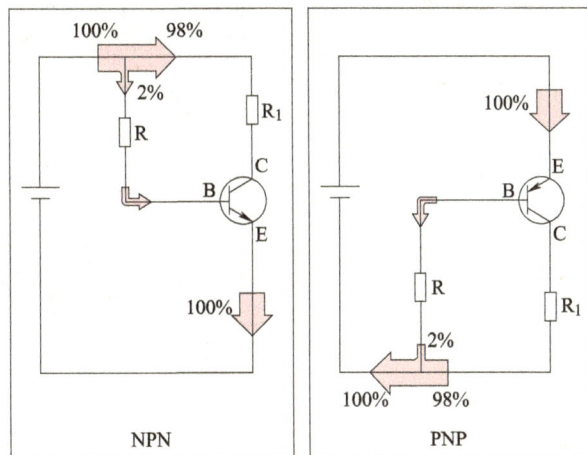

图 2-46　晶体管的工作原理

3. 晶体管的应用

汽车中晶体管的应用很广泛，通过晶体管可以控制一些元件的开启和关闭，同时对一些信号起到放大作用。

晶体管的应用如图 2-47 所示，发动机控制模块（ECM）通过控制晶体管的基极通过电流，进而控制喷油器搭铁电路，使喷油器工作。

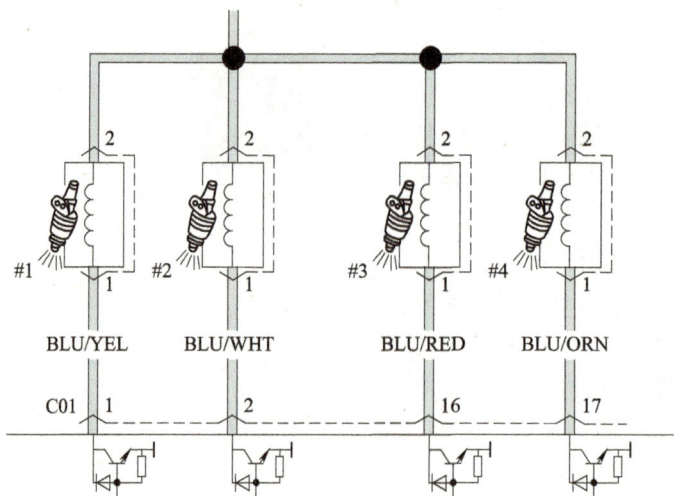

图 2-47　晶体管的应用

任务五　认知线圈和搭铁

一、线圈

线圈通常指呈环形的导线，导线一根一根绕起来，彼此互相绝缘形成线圈。当电流通过线圈时会产生磁场力驱动机件进行工作。线圈在磁场中旋转也可以产生感应电动势使机件工作。最常见的线圈应用有：电动机、变压器和环形天线等。

二、线圈的应用

在汽车上，线圈的使用很广泛，例如喷油器、点火线圈等都是利用线圈在电路中的不同效应原理制成的。

在汽车中经常需要用到线圈的电磁效应和电感效应。

（一）线圈的电磁效应

当有电流流过线圈时，线圈的两端就会产生磁场，磁场就会吸引线圈中间的铁心动作。线圈的电磁效应如图 2-48 所示。

（二）线圈电磁效应的应用

汽车上线圈电磁效应的应用比较多，例如喷油器、电磁阀、电动机等。喷油器（图2-49）就是利用线圈的电磁效应工作的。通过给线圈通电，线圈产生磁场，磁场吸引中心的铁心动作，使喷油器喷油。

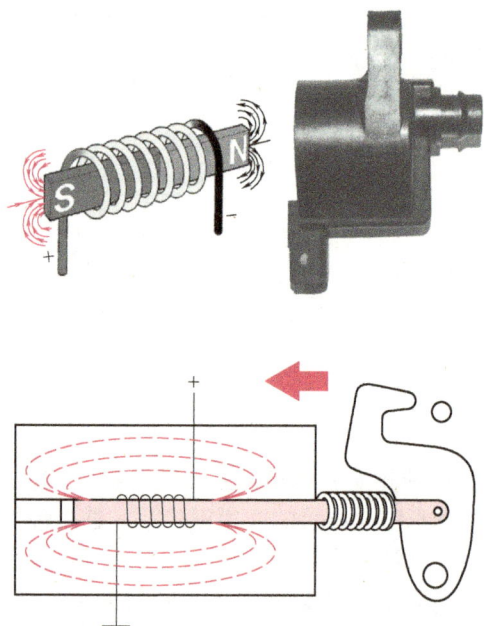

图 2-48　线圈的电磁效应

（三）线圈的电感效应

线圈的电感效应分成两类：自感效应和互感效应。

1. 线圈的自感效应

当导体中的电流发生变化时，导致穿过线圈的磁通量随着变化，因此在导体中就产生感应电动势，它总是阻碍线圈中原来电流的变化，当原来电流增大时，自感电动势与原来电流方向相反，当原来电流减小时，自感电动势与原来电流方向相同，这种现象称为自感现象。

线圈的自感效应如图 2-50 所示。

图 2-49 喷油器

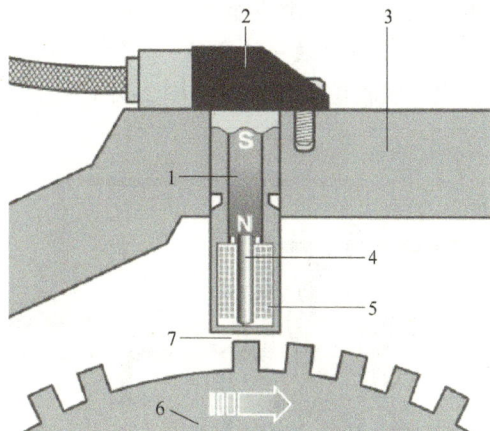

图 2-50 线圈的自感效应

1—永磁铁 2—传感器 3—安装支架 4—铁心
5—线圈 6—触发轮 7—间隙

2. 线圈的互感效应

线圈的互感效应在汽车上有两种情况：一种是有益的线圈互感效应，一种是有害的线圈互感效应。在汽车电气系统检测与诊断过程中，要避免有害的线圈互感效应。下面以点火线圈的互感效应（图 2-51）为例进行说明。

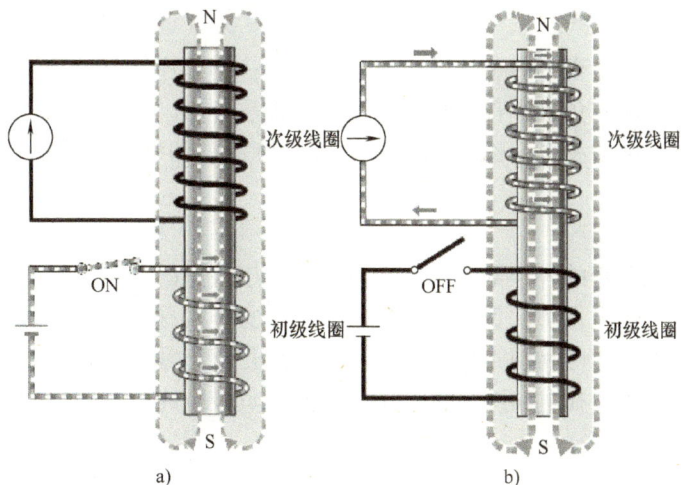

图 2-51 点火线圈的互感效应

a）初级线圈通电 b）初级线圈断电

图 2-51 中，当初级线圈通电时，围绕本身和次级线圈周围建立起电磁场，并通过中心磁棒而加强。当初级线圈的电路被切断时，磁场快速衰减，次级线圈中的磁力线快速衰减，同时其本身产生感应电动势，这就是点火线圈的互感效应。

（四）电感效应的应用

汽车上电感效应的应用主要是一些传感器和点火线圈等。

1. 线圈互感效应的应用

传统的点火线圈电路如图 2-52 所示，从图 2-52 中可以看到两组线圈是嵌套在一起的，次级线圈通过互感产生感应电动势。

2. 线圈自感效应的应用

汽车曲轴位置传感器（图 2-53）就是利用线圈自感效应的原理工作的。

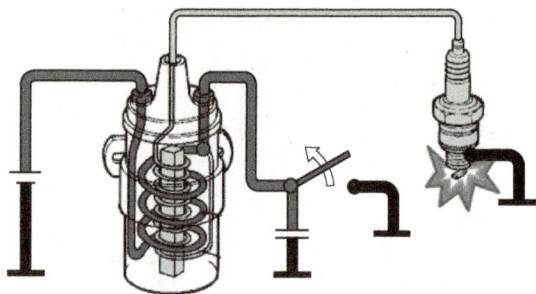

图 2-52　传统的点火线圈电路

图 2-53　汽车曲轴位置传感器

三、搭铁

搭铁是闭合电路重要的组成部分，同时良好的搭铁也是防止电磁干扰的措施。汽车的车身是搭铁的主要部件，线束搭铁通常接在车身的不同位置，搭铁连接的好坏决定了电气系统能不能正常工作。

1. 搭铁含义

在汽车上，每个用电设备的负极端和蓄电池的负极端都连接至车身的金属薄板上，以形成闭合电路。这种将所有负极端都连接到车身上的做法称为"搭铁"。

汽车搭铁可分为电源搭铁、线束搭铁、元件直接搭铁和屏蔽搭铁。不同的搭铁类型如图 2-54 所示。

2. 线束搭铁

线束搭铁分布在车身的各个部位，熟悉汽车线束搭铁点的分布可大大提高电气检查与维修的工作效率。汽车用电设备的负极端通过电路与车身连接称为线束搭铁（图 2-55）。

搭铁线的位置可通过电路图查询到。汽车搭铁点是汽车常产生故障的位置，在汽车发生电气故障时应进行检查。在电路测量过程中，万用表负极应连接在适当的汽车搭铁点上，从而保障测量的准确性。

3. 元件直接搭铁

用电设备正常工作要有稳定可靠的正极电源线，同时必须有一个良好的搭铁线，在汽车电气检查维修过程中，技师不仅要检查测量电源正极，同时必须检查测量负极是否正常。

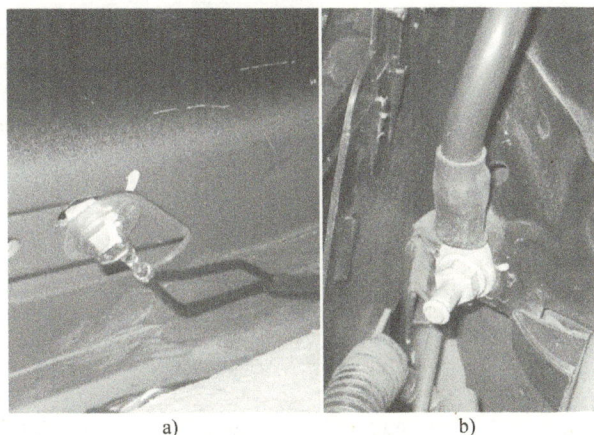

图 2-54　不同的搭铁类型

a）线束搭铁　b）元件直接搭铁

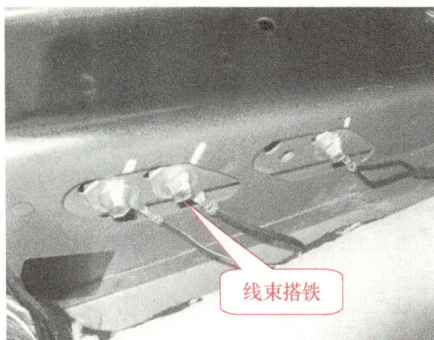

图 2-55　线束搭铁

线束搭铁

汽车上的起动机控制电路中，就是利用起动机本身直接与车身搭铁连接的（图2-56）。

大电流的用电设备搭铁线安装时要检查搭铁线连接处是否腐蚀或有异物；安装用电设备搭铁线插接器时应进行检查，检查插接器是否腐蚀或者变形，同时插装要牢靠。

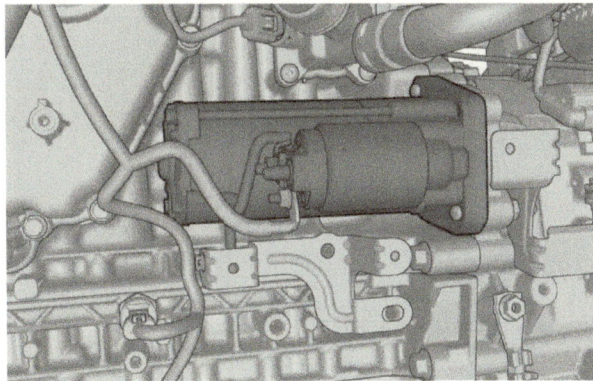

图 2-56　元件直接搭铁

任务六　认知汽车配电盒

在电路图"配电"或"电力配置"中，会说明汽车的电力分配信息。

电力分配信息主要列举全车的继电器与熔断器的分布位置和电路连接关系，同时也会展示蓄电池、起动机、发电机的电路连接关系。部分电路图会有单独的"充电系统"电路部分和"起动系统"电路部分。

1）电力分配信息查询举例——蓄电池（图2-57）。

2）电力分配信息查询举例——蓄电池接线盒（BJB）（图2-58）。

3）电力分配信息查询举例——充电系统（图2-59）。

4）电力分配信息查询举例——起动系统（图2-60）。

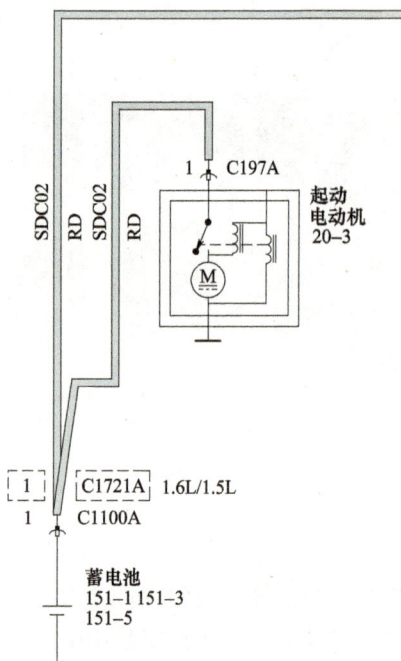

图 2-57　电力分配信息查询
举例——蓄电池

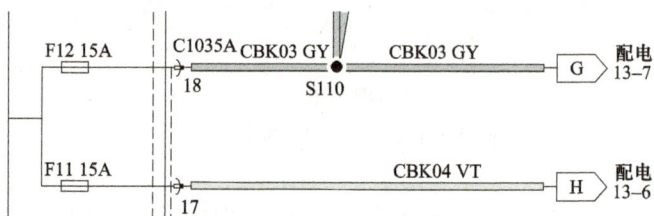

图 2-58　电力分配信息查询举例——蓄电池接线盒（BJB）

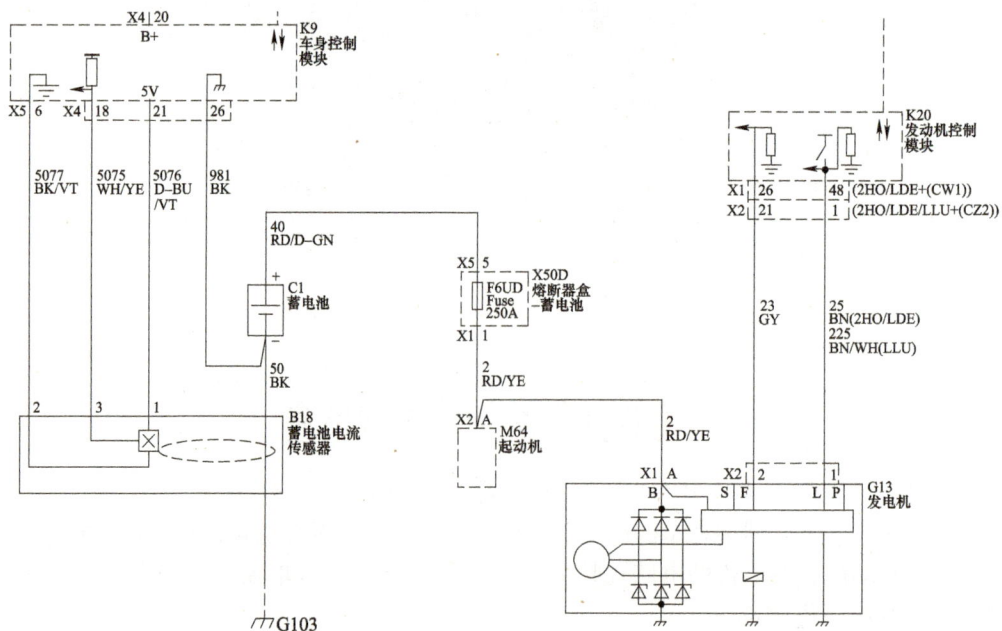

图 2-59　电力分配信息查询举例——充电系统

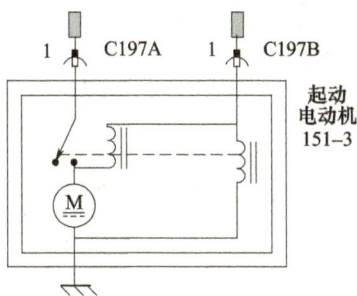

图 2-60　电力分配信息查询举例——起动系统

任务七　认知常用图形符号

一、元件符号概述

电路图中常见的元件符号见表 2-4。

表 2-4　电路图中常见的元件符号

符号	名称	符号	名称	符号	名称
□	物件或设备（形式1）	○	物件或设备（形式2）	⌐ ¬	屏蔽
	可调电阻器		带滑动触点的电位器		线圈或电感器；电抗器
	电阻器		电喇叭		蓄电池
	电容器		可调电容器		转向柱集电环

二、主流车型电气符号表示方法

汽车上所有的电器在电路图中都是用电气符号来表示的。各汽车生产厂家绘制的电气符号有所不同。大众/奥迪/斯柯达车系的部分电气符号如图 2-61 所示。

通用车系的部分电气符号和宝马车系的部分电气符号分别如图 2-62 和图 2-63 所示，其在电子控制单元处画出了简单的内部电路。

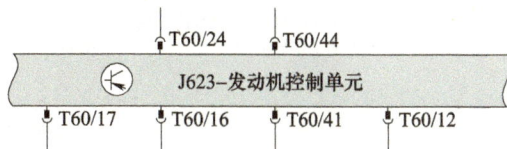

图 2-61　大众/奥迪/斯柯达车系的部分电气符号

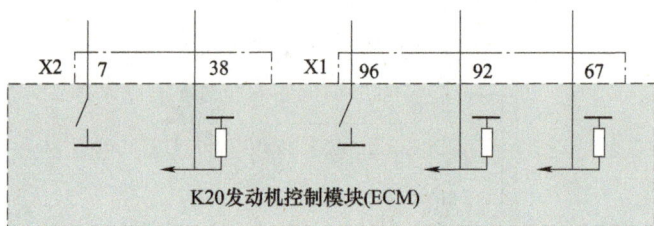

图2-62　通用车系的部分电气符号

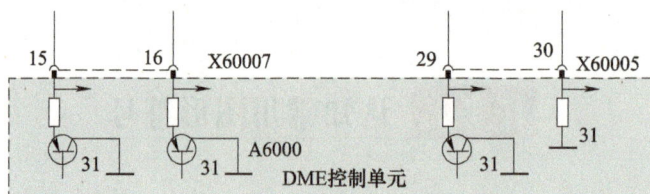

图2-63　宝马车系的部分电气符号

奔驰车系的部分电气符号如图2-64所示，其在电子控制单元处用英文字母标明了该端子的作用，并用箭头符号标明了信号是输入还是输出。

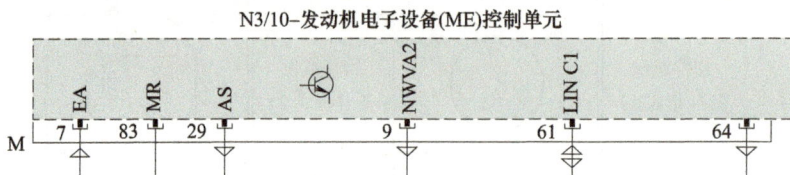

图2-64　奔驰车系的部分电气符号

北京现代车系的部分电气符号如图2-65所示，其在电子控制单元处标注出了信号的名称和类型，从图中可以看出是供电、搭铁、输入信号还是控制信号。

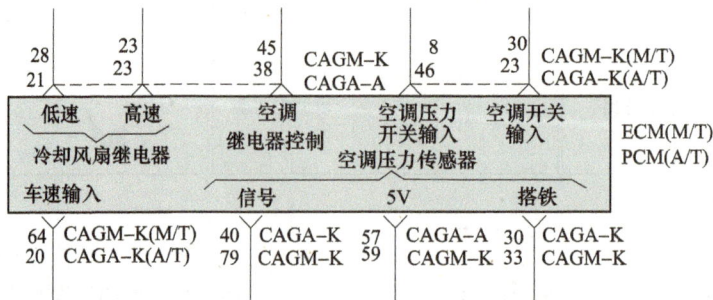

图2-65　北京现代车系的部分电气符号

丰田车系的部分电气符号如图2-66所示，其在电子控制单元处用英文字母标明该端子的作用。

本田车系的部分电气符号如图2-67所示，其在电子控制单元处画出了简单的内部电路并用英文字母对端子进行了标注。

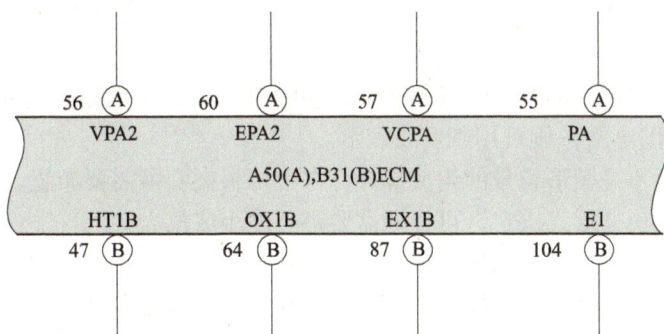

图 2-66　丰田车系的部分电气符号

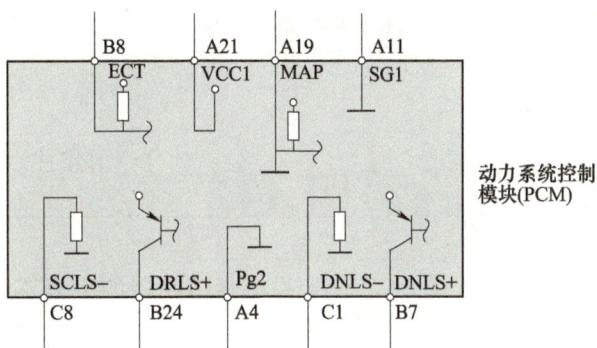

图 2-67　本田车系的部分电气符号

有的电气符号也简单地表达出电器内部的工作原理和电路，起动机的符号如图 2-68 所示，从图中可以看到起动机、电磁开关线圈、电磁开关触点以及它们之间电路的连接关系。

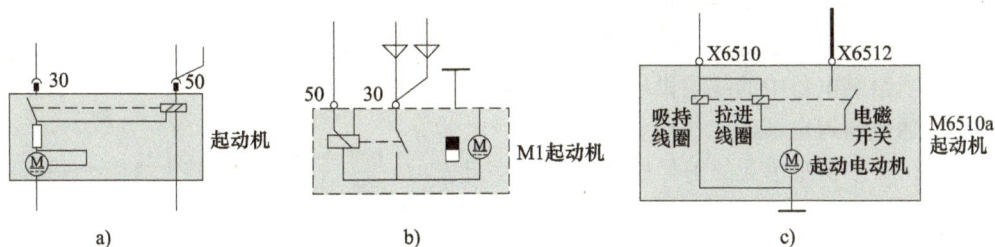

图 2-68　起动机的符号

a）大众/奥迪/斯柯达车系　b）奔驰车系　c）宝马车系

三、图形符号的使用原则

1）在满足条件的情况下，应首先采用最简单的形式，但图形符号必须完整。

2）在同一张电路图中同一图形符号应采用同一种形式。

3）符号方位不是固定的，在不改变符号意义的前提下，符号可根据图面布置的需要旋转或成镜像放置，但文字和指示方向不得倒置。

4）图形符号中一般没有端子代号，如果端子代号是符号的一部分，则端子代号必须画出。

5）导线符号可以用不同宽度的线条表示，如电源电路（主电路）可用粗实线表示，控制、保护电路（辅助电路）则可用细实线表示。

6）一般连接线不是图形符号的组成部分，方位可根据实际需要布置。

7）符号的意义由其形式决定，可根据需要进行缩小或放大。

8）图形符号表示的是在无电压、无外力下的常规状态。

9）图形符号中的文字符号、物理量符号，应视为图形符号的组成部分。当用这些符号不能满足标注需求时，可按有关标准加以补充。

10）电器图中若未采用标准的图形符号，必须加以说明。

课后练习

一、填空题

1. 汽车线束由_____、_____、_____、_____等组成。

2. 汽车电气系统中常用的二极管有_____、_____、_____。

3. 线圈的电感效应分成两类：_____、_____。

4. 熔断器上都标明了它们的_____，如果流经熔断器的电流超过该值，熔断器中的熔丝会在一定时间内熔断。

二、选择题

1. 汽车普通导线通常由多股细（　　）线制成。

   A. 铜　　　　B. 铁　　　　C. 铝　　　　D. 锗

2. 下面关于继电器描述正确的是（　　）。

   A. 继电器是小电流电路控制大电流电路的元件

   B. 继电器由控制部分和电源部分组成

   C. 当给继电器中的线圈供电时，继电器就能工作

   D. 通过听继电器的工作声音，可判断继电器好坏

3. 图2-62中控制单元的编号用（　　）字母表示。

   A. C　　　　B. G　　　　C. J　　　　D. R

4. 汽车电源分配可以在电路图哪部分找到？（　　）

   A. 供电系统　B. 底盘系统　C. 车身系统　D. 动力系统

5. 图2-59中搭铁点的编号使用什么字母表示？（　　）

   A. C　　　　B. G　　　　C. F　　　　D. R

6. "插接器信息视图"中包含了哪些信息？（　　）

   A. 针脚数　　　　　　B. 插接器颜色

   C. 插接器两端元件　　D. 插接器两端电路颜色

7. 图2-62中插接器的编号使用什么字母表示？（　　）

   A. C　　　　B. G　　　　C. T　　　　D. R

8. 对于线圈的应用，下面说法正确的是（　　）。

  A. 喷油器应用的是线圈的电磁效应

  B. 点火线圈应用的是线圈的互感效应

  C. 发电机应用的是线圈的互感效应

  D. 以上均正确

9. 下面哪种开关属于瞬时接触开关？（　　　）

  A. 制动开关   B. 喇叭开关

  C. 刮水器开关   D. 座椅调节开关

三、讨论

1. 维修工作中，插接器虚接或进水，可能造成什么故障现象？

2. 熔断器为什么没有布置在用电设备与搭铁点之间，而是布置在电源和用电设备之间？这样有什么好处？

3. 电路中搭铁点虚接会造成哪些故障现象？

4. 与同学分享你查找电路搭铁点的方法与心得。

项目说明

汽车上各种电气设备繁多，电路密集、纵横交错，如果不从电路原理上掌握其导线连接规律，诊断电路故障就比较困难。要检修汽车电气设备，必须读懂和掌握汽车电路图。

项目目标

1. 掌握汽车主要电气系统的电路接线规律和电路图的识读方法。
2. 了解汽车主要电气系统的各种电路图。
3. 掌握汽车主要电气系统电路图的实际分析方法。

任务一　掌握汽车电路图的识读要点

1. 认真读几遍图注

通过读图注初步了解该汽车装配了哪些电气设备，通过电气设备的代号在电路图中找出该电气设备，再进一步找出它们之间的相互连线、控制关系。了解蓄电池、起动机、发电机及其电压调节器、继电器、开关等部件的基本原理，然后掌握电源电路、起动电路、灯光照明电路等单元电路的工作情况。

2. 寻求共性

汽车电路的组成与特点、各种汽车电路图的绘制方式和特点、汽车电路的连接原则等均属于汽车电路的共性，是识读汽车电路图的基础。以这些共性为指导，了解各种型号的汽车电路，又可以发现更多的共性以及各种车型之间的差异。

3. 浏览全图，分割各个单元系统，化整为零

在大概掌握全图的基本原理的基础上，再把一个个单元系统电路分割开来，化整为零，化全车整体图为系统部分图以方便识读，这样就容易抓住每一部分的主要功能及特性。在分割各个系统时，一定要遵守回路原则，注意既不能漏掉各个系统中的组件，也不能分入其他系统的组件，一般规律是：各电气系统只有电源和总开关是公共的，其他任何一个系统应是一个完整的独立的电气回路，即从电源的正极经导线、开关、熔断器至电器后搭铁，最后回到电源负极。

4. 循序渐进

从识读电源电路、起动电路、点火电路、灯光照明电路、仪表电路、信号电路、刮水器电路等传统基础单元电路入手，逐渐识读电子控制电路；从识读货车简单电路到识读复杂轿车电路；从识读国产汽车电路到识读各种进口汽车电路。这样由简到繁，整理归纳，循序渐进。

5. 举一反三

目前，国内汽车保有量逐年增加，品牌日趋多样，想要识读所有车型的汽车电路图不现实，也没必要。许多车型汽车电路原理图是类似的，只要掌握一两种车型的电路图，举一反三，对照比较，就可触类旁通。

6. 先易后难

有些汽车电路图的某些局部电路或局部电路中的某些部分可能比较复杂，一时难以看懂，可以暂时不顾及，待其他局部电路都看懂后，再来进一步识读这部分电路。

7. 寻找资料

由于新的电气设备不断地出现和应用在汽车上，促使汽车电路图的变化很大，因此，对于看不懂的电路要请教有关人员，还要查找收集相关资料，注意深入研究典型汽车的电路，特别要注意积累实际工作经验。

8. 注意开关的作用

开关是控制电路通断的关键。在一些复杂控制电路中，一个主要开关往往汇集许多导线，分析汽车电路时应注意以下几个问题：

1）开关的许多接线柱中，哪些是直通电源的？哪些是接用电设备的？接线柱旁是否有接线符号？这些符号是否常见？

2）蓄电池（或发电机）的电流是通过什么路径到达这个开关的？中间是否经过别的开关和熔断器？这个开关是手动的还是电控的？

3）这个开关控制哪些用电设备？每个被控用电设备的作用是什么？

4）开关共有几个档位？在每一档中，哪些接线柱有电？哪些无电？

5）在被控的用电设备中，哪些用电设备应经常接通？哪些应短暂接通？哪些应先接通？哪些应后接通？哪些应当单独工作？哪些应当同时工作？哪些用电设备不允许同时接通？

9. 了解汽车电路图的一般规律

1）电源位置：电源部分到各用电设备熔断器或开关的线是用电设备的公共相线，在原理图中电源线一般画在电路图的上方，搭铁线画在下方。

2）连接方式：大部分用电设备都通过熔断器盒或中央控制盒形成许多并联的支路；继电器和开关均串联在支路中，其中一个接线柱与电源相连接，另一个（或几个）与用电设备相连接。

3）全车电路一般由单元系统电路组成。现代汽车整车电路一般都按各个电路系统来绘制，如电源系统、起动系统、点火系统、照明系统、信号系统等，这些单元电路都有它们自身的特点，抓住特点把各个单元电路的结构和原理搞清楚了，理解整车电路也就容易了。

任务二　识读汽车电路原理图、布线图及线束图

一、汽车电路原理图

1. 汽车电路原理图的作用

汽车电路原理图是用各个国家规定的图形符号，根据电路原理，把仪表及各种用电设

备，按由上到下的原则合理地连接起来，然后再按各系统进行横向排列。汽车电路原理图（图3-1）是展示整个汽车电路及工作原理的全车电路图，是分析故障的重要依据。为了快速找出故障的所在电路（特别是在分析故障原因时），不能孤立地局限于某一部分的分析，而是要系统地将相关联的各个部分进行全面分析。

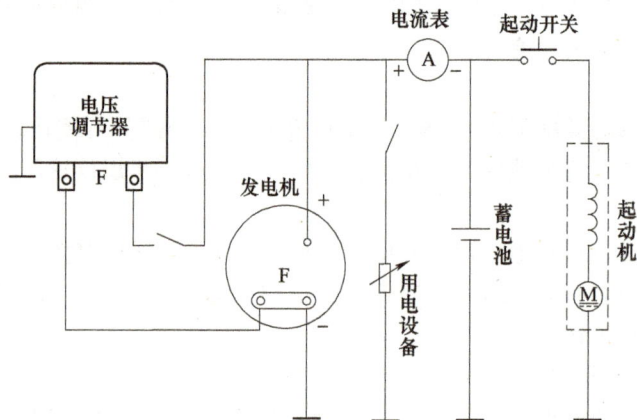

图3-1 汽车电路原理图

2. 汽车电路原理图的特点

1）整车电路是由一幅幅相联系的局部电路图组成的全车电路图，重点、难点突出，繁简适当。

2）汽车电路原理图有电位高、低的概念，其正极（"+"）电位最高，用电路图最上面的那条线表示；负极（"-"）搭铁，电位最低，用电路图最下面的一条线表示。电流的方向基本都是由上而下，其路径是：电源正极（"+"）→控制开关→用电设备→搭铁→电源负极（"-"）。

3）汽车电路原理图导线的曲折与交叉较少，布局合理，图面简洁、清晰，图形符号考虑到了元器件的外形与内部结构，易读易画。

4）汽车电路原理图各局部电路（或称子系统）相互关系清楚，各个子系统间的连接点做到了尽量保持或接近原位，便于识读分析。

3. 汽车电路原理图的识读技巧

（1）了解电路原理图的整体布局 汽车电路原理图中的布置顺序：供电电源（特别是蓄电池）在左，用电设备在右，各局部电路尽量画在一起；相线在上，搭铁线在下；在局部电路的原理图中，信号输入端（或控制端）在左，信号输出端（或驱动端）在右。

（2）寻找主干电路 汽车电路以点火开关为中心将全车电路分成几条主干电路，即：30号线、15号线、15A号线、31号线。

1）30号线：30号线又称为蓄电池电源线，即从蓄电池正极直接引出或从蓄电池正极引出后通过熔断器盒的导线，也有的汽车的蓄电池相线接到起动机"30"接线端子上，再从那里引出导线。

2）15号线：只有点火开关在工作（ON）和起动（START）档时才有电的导线称为15号线。

3）15A号线：用于发动机不工作时也需要供电的用电设备，如点烟器、音响等。这些用电设备的点火开关单独设置一档予以供电，此档即为点火开关的 ACC 档。但发动机运行时这些用电设备仍需接入，与点火系统、仪表指示灯等同时工作，所以点火开关触点的接触结构要进行特殊设计。

4）31 号线：汽车各种用电设备的搭铁线在电路原理图中一般用 31 号线表示。

（3）牢记电器图形符号　汽车电路图是利用电器图形符号来表示其构成和工作原理的。因此必须了解电器图形符号的含义，才能看懂电路图。

（4）熟记电器部件接线端子的标记符号　为了便于绘制和识读汽车电器电路图，有些电器装置或其接线柱等上面都有特定的标志符号。

（5）要牢记回路原则　任何一个完整的回路都是由电源、熔丝、开关、控制装置、用电设备、导线等组成的。电流流向必须从电源正极出发，经过熔丝、开关、控制装置、导线等到达用电设备，再经过导线（或搭铁）回到电源负极，电路图如图 3-2 所示。

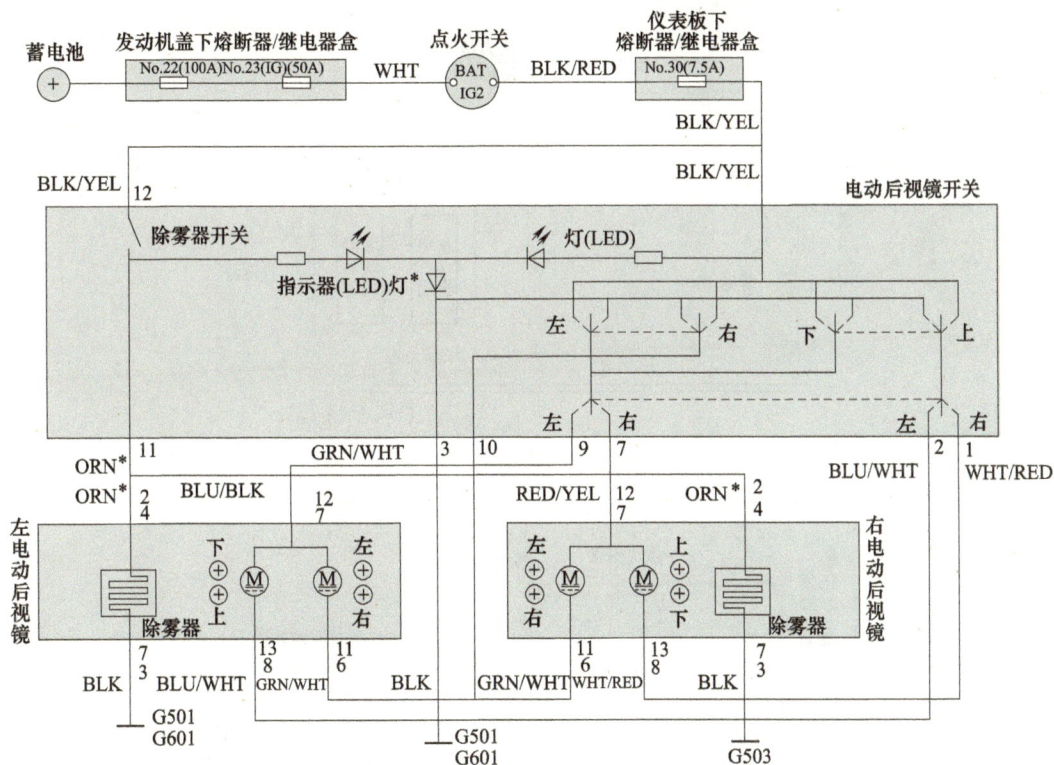

图 3-2　电路图

思路一：沿着电路电流的方向（图 3-3），由电源正极出发，"顺藤摸瓜"查到用电设备、开关、控制装置等，回到电源负极。

思路二：逆着电路电流的方向（图 3-4），由电源负极（搭铁）开始，经过用电设备、开关、控制装置等回到电源正极。

思路三：从用电设备开始（图 3-5），依次查找其开关、导线、控制装置，到达电源正极和搭铁（或电源负极）。

实际应用时，可视具体电路选择不同思路，但有一点值得注意：随着电子控制技术在汽

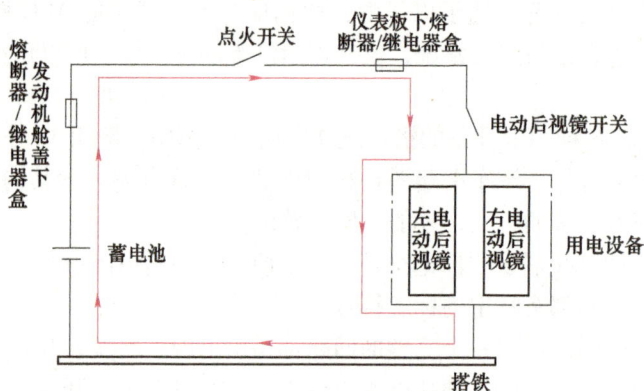

图 3-3　沿着电路电流的方向

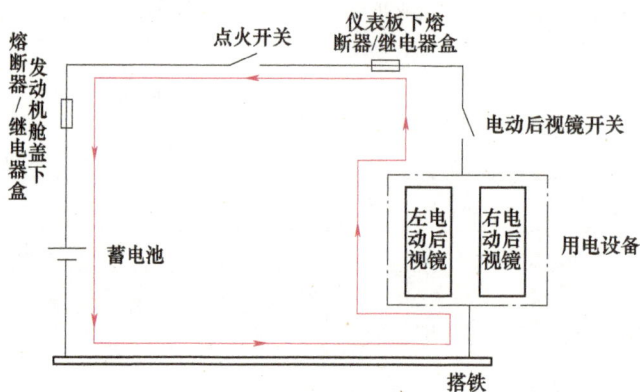

图 3-4　逆着电路电流的方向

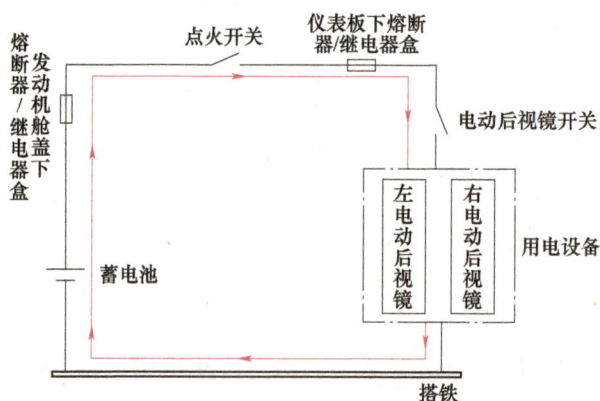

图 3-5　从用电设备开始

车上的广泛应用，大多数电气设备电路同时具有主回路和控制回路，读图时要兼顾这两种回路。

（6）牢记搭铁极性　我国和世界各国都规定了汽车电器电路为负极搭铁。过去曾经有采用正极搭铁的汽车，但这类车型现在已很少见到。

（7）注意开关在电路中的作用 对多层、多档、多接线柱的开关，要按层、按档位、按接线柱逐级分析其各层各档的功能。有的用电设备受两个以上单档开关（或继电器）的控制，有的受两个以上多档开关的控制，其工作状态可能比较复杂（如间歇刮水器电路）。当开关接线柱较多时，应首先分析从电源来的一两个接线柱，再逐个分析与其他各接线柱相连的用电设备处于何种档位，从而找出控制关系。

（8）注意开关、继电器的初始状态 在电路图中，各种开关、继电器都是按初始位置画的，按钮未按下，开关未接通（常开开关），继电器线圈未通电，其触点未闭合（常开触点）或未打开（常闭触点）时，这种状态称为原始状态。但看图时，不能完全按原始状态分析，否则很难理解电路所表达的工作原理，因为大多数用电设备都是通过开关、继电器触点的变化而改变电路的状态，进而实现不同的电路功能。所以，必须进行工作状态的分析。

（9）注意用电设备在电路图中的布置 在电气系统中，有大量用电设备是驱动部分和被驱动部分机械连接的，如各种继电器，还有多层、多档组合开关。这些用电设备在电路图上表示时，应做到既使画面简单，又便于识图，可采用集中表示法或分开表示法进行表示。

（10）注意各局部电路之间的内在联系和相互关系 汽车全车电路基本上由电源电路、充电电路、点火电路、起动电路、照明电路、辅助电气设备电路等单元电路组成。从整车电路来讲，各局部电路除电源电路公用外，其他单元电路都是相对独立的，但它们之间也存在着内在联系并相互影响。如起动发动机时，由于起动机瞬间电流很大，导致蓄电池内阻压降增大，其输出电压降低，因而会影响其他电路的正常工作。再如发电机输出电压过高，又会造成分电器白金触点烧蚀、灯泡烧坏等。

（11）浏览全图并框画各个系统 要读懂汽车电路图，首先必须掌握组成电路的各个用电设备的基本功能和其特性。在大概掌握全图的基本原理的基础上，再把一个个单独的电气系统框出来（或画出来），这样就容易抓住每一部分的主要功能及特性。

二、汽车布线图

1. 汽车布线图的作用

汽车布线图是将汽车用电设备在车上的实际位置相对应地用外形简图画在图上，再用导线将电源、开关、熔断器等装置和这些用电设备一一连接起来的。汽车布线图如图 3-6 所示。

2. 汽车布线图的特点

优点：电路图中用电设备和导线与实车位置一致，直观、查找方便。

缺点：线条密集、纵横交错，难以表达电路的内部结构与工作原理，不利于读图和分析电路。

3. 汽车布线图的识图技巧

（1）浏览 拿到汽车布线图后，先认真阅读图注，然后对照图注，了解整车有哪些用电设备，并找出各主要用电设备在布线图上的位置。各电气设备在电路图上以阿拉伯数字标注，在图注中能找到该数字所代表的用电设备名称。

（2）展绘 浏览汽车布线图后虽然可以基本了解各系统的组成，但由于整车电气系统支路数较多，浏览不一定能完全了解电路原理及连接特点。因此，需着手把图中的每条线准

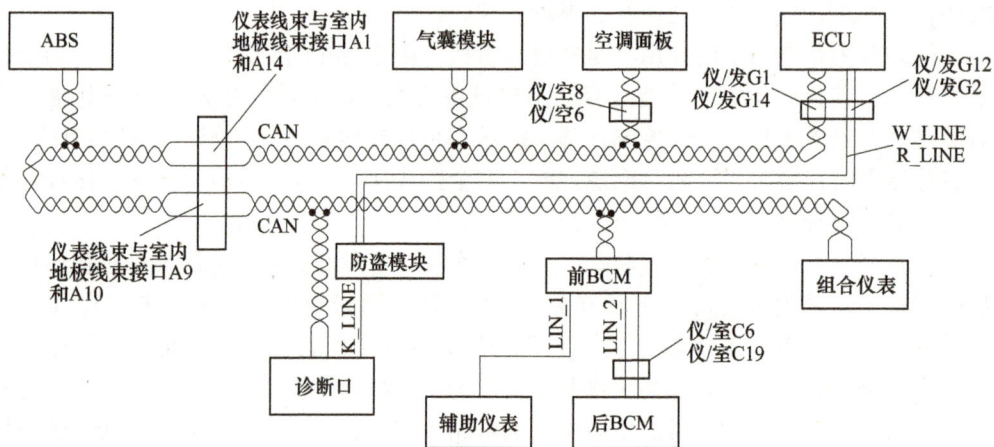

图 3-6　汽车布线图

确地展绘出来，为避免展绘出现差错，可用直尺或纸条把每一条电流通路找出，并把它详细地绘制下来。为防止遗漏失误，展绘应找出一条记录一条，直到绘制到最后一条导线为止，绘制时每条支路一般按电源—电源线—熔断路—继电器（或开关等中间环节）—用电设备—搭铁—电源的顺序找线。目前汽车上的熔断器、插接器、继电器、警告指示灯数量较多，这些元件应仔细标注清楚。由于灯光总开关、刮水器开关、点火开关、仪表板的接线端子较多，且导线密集，展绘它们时应仔细观察。展绘不一定要求绘出简洁规范的原理图，展绘的目的仅仅是把布线图展开。

（3）整理　展绘是"化整为零，找出通路"的过程，展绘得到的图一般较散乱，分布无规则，为便于分析、保存，一般还要几次反复改绘，才能整理出简洁整齐的原理图。改绘的电路原理图布局应有统一的格式，元器件符号应尽可能采用标准符号，有些特殊元器件，图注中还需用文字简要说明，原理图上接线柱的编号、导线的编号、元器件的编号应尽可能与原图编号一致。

三、汽车线束图

1. 汽车线束图的作用

汽车线束图是将有关用电设备的导线汇合在一起组成线束，表明线束与各用电设备的连接部位、接线柱的标志、线头、插接器的形状及位置等的电路图。

整车电路线束图常用于汽车厂总装线和修理厂的连接、检修与配线。

2. 汽车线束图的特点

汽车线束图一般不去详细描绘线束内部的导线走向，而是将露在线束外面的线头与插接器详细编号或用字母来标记。安装操作人员只要将导线或插接器按图上标明的编号或字母，连接到相应的用电设备接线柱或插接器上，便完成了全车电路的装接，给安装和维修带来了极大的方便。它的特点是不说明电路的走向和原理，电路简单。汽车线束图如图 3-7 所示。

3. 汽车线束图的识读技巧

（1）先读懂电路原理图　汽车电路原理图是汽车线束图的基础。先看懂电路原理图，可以比较容易地了解整车电路的工作原理及特点，有助于快速读懂汽车线束图。利用汽车线

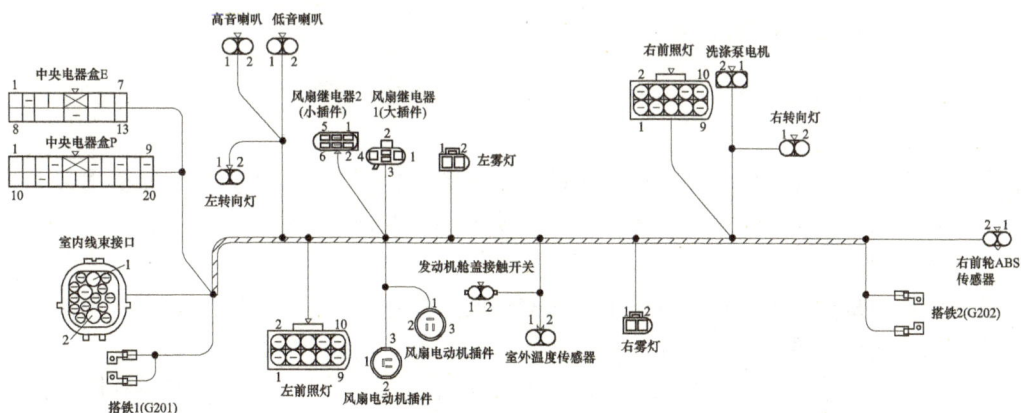

图 3-7 汽车线束图

束图，则可以了解线束各部分所连接的用电设备。

（2）找出主要元器件的位置　在汽车线束图上，其主要元器件标注都比较明显，一般都不难找到。例如，电源系统的发电机、蓄电池；起动系统的起动机；灯光系统的前照灯、灯光开关；点火系统的点火线圈、分电器；喇叭系统的电喇叭等。

（3）了解电路图提供的信息　在电路图中，每根导线中都标注有数字代号（或数字与字母组合代号），这些代号代表了该导线的颜色、直径。

（4）画出直观图　对照实际的电路线束，画出电路线束的直观分布图，根据电路原理图和线束图，在图中标出每个分支所连的用电设备、开关等的名称，再给出一个附表，在附表中列出每一分支中每根导线的颜色或符号标记、作用及去向。这样，在实际安装电路线束时，对照直观图就可以顺利地识别线束的各个接线端子。

任务三　识读汽车电子电路图

一、汽车电子电路的特点

汽车电子电路也是由电子元器件组合而成的，具有普通电子电路的特点，但也有其特殊点，归纳起来主要有以下几点。

1. 机电一体化结合较紧密

汽车电子技术应用在实际电路上时，多与汽车上某些相关机械系统结合起来，以实现某项功能。而电子电路通常是处理收到的检测信号，然后根据检测信号发出相关的控制指令，由继电器等相关开关控制执行系统实现某项功能。

2. 多以组件方式应用在汽车上

由于汽车特殊工作条件的限制，汽车上电子电路多以组件方式应用，且组件采用密封方式，安装在通风较好地方。

3. 多用以完成某项控制功能

汽车上使用电子电路时，除极少数由大规模集成微处理器构成的组件具有多种控制功能外，多数用以实现某一项控制功能，故电路相对来说比较单一。

二、汽车电子电路图种类

汽车电子电路图有方框图、电路原理图和安装图 3 种。

1. 方框图

方框图是把一个完整电路划分成若干部分，各个部分用方框表示，每一方框用文字或符号说明，各方框之间用线条连接起来，用以表明各部分的相互关系。

2. 电路原理图

电路原理图是详细说明汽车电子电路元器件间、执行电路间、单元电路间、元器件和单元电路之间的连接关系及电路工作原理的简图。它是设备调试、维修的依据。

电路原理图各个元器件旁注明了元器件的代号（或参数值）。借助原理图分析电路中电流的来龙去脉，即可了解电路图对应设备的工作原理。

3. 安装图

安装图也称为布线图。电路原理图只说明了电路的工作原理，看不出各元器件的实际形状、在设备中是怎样连接的、位置在什么地方，安装图则可以说明这些问题。

三、汽车电子电路图的读识方法

1. 牢记元器件符号

看电路图时，必须首先熟悉电路图中各符号所对应的元器件，了解其基本功能。

2. 了解基本常用单元电路

无论多复杂的电路，均是由少数几个单元电路组成的。因此，只要切实了解常用的基本单元电路，学会分析和分解电路的方法，看懂一般的汽车电子电路图就不困难了。

3. 会建立原理方框图

在熟悉了电路图中各符号所对应的元器件，了解其基本功能后，要学会根据工作原理画出方框图，并找出各单元电路，这样就能了解整个电路的大致工作情况，为最后看懂整个电路图打下基础。

4. 记住"搭铁"符号的意义

在汽车电子电路图中，要记住"搭铁"的意义。图中搭铁符号代表该点用螺栓直接固定在车身上，与蓄电池负极等电位。"搭铁"点是电路图中的参考点，常称为零电位点。

5. 多看汽车电子电路图

要多看常用汽车电子电路图，并将有典型意义的电路图画下来，日积月累，看复杂的汽车电子电路也就不会感到困难了。

6. 理清直流供电电路

汽车电子电路只有在得到正常的直流供电时才能正常工作。因此，理清直流供电关系，是读识电路原理图的重要内容，例如，轿车电子点火电路（图 3-8）即为直流供电电路。

7. 熟悉电路的连接规律

1）对于交流信号而言，在电路原理图中信号的传输方向通常是从左向右，且信号受到一级一级地放大、处理和传输，输入信号或信号源通常在图的左边，输出信号或执行元件在图的右边。

2）对于某一信号传输电路而言，直流电压供给电路是从右向左的，且电压从右向左逐

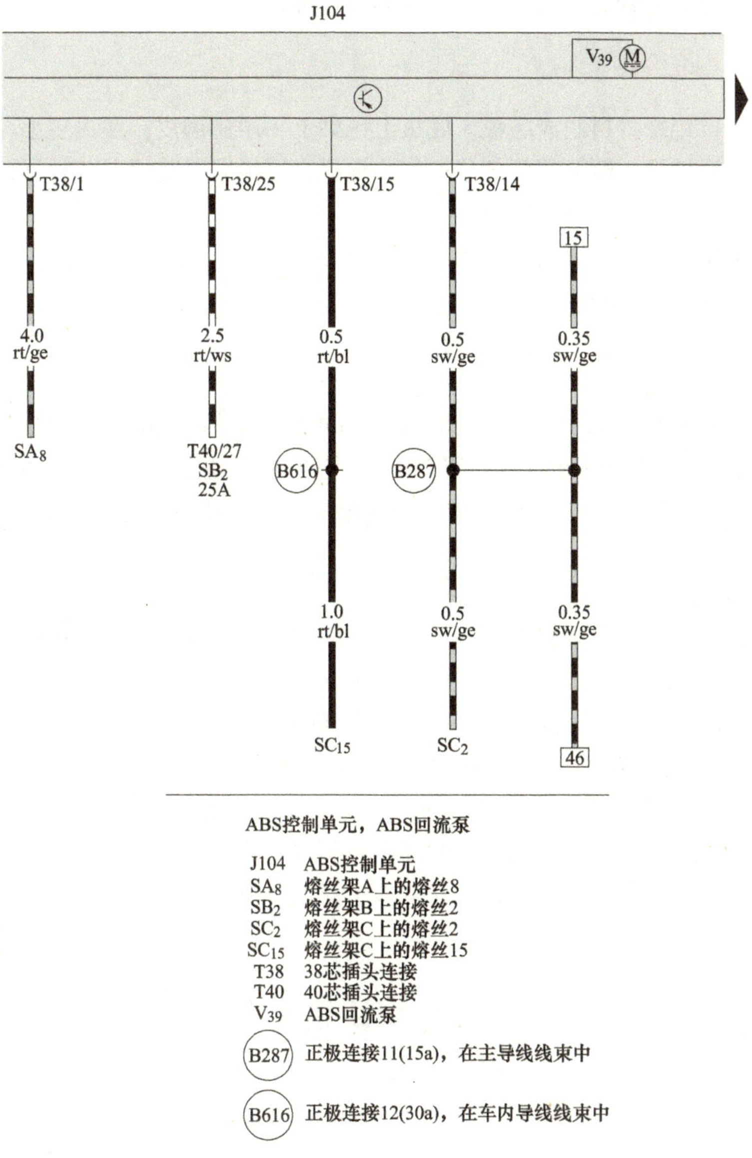

J104

V₃₉ Ⓜ

T38/1   T38/25   T38/15   T38/14

15

4.0   2.5   0.5   0.5   0.35
rt/ge   rt/ws   rt/bl   sw/ge   sw/ge

SA₈   T40/27   B616   B287
               SB₂
               25A

1.0   0.5   0.35
rt/bl   sw/ge   sw/ge

SC₁₅   SC₂

46

ABS控制单元，ABS回流泵

J104   ABS控制单元
SA₈   熔丝架A上的熔丝8
SB₂   熔丝架B上的熔丝2
SC₂   熔丝架C上的熔丝2
SC₁₅   熔丝架C上的熔丝15
T38   38芯插头连接
T40   40芯插头连接
V₃₉   ABS回流泵

Ⓑ₂₈₇   正极连接11(15a)，在主导线线束中

Ⓑ₆₁₆   正极连接12(30a)，在车内导线线束中

图 3-8　轿车电子点火电路

级下降。对于某一级放大器电路而言，直流电路是从上向下分布的，上端是直流电压供给电路，下端是搭铁。

任务四 识读汽车印制电路板图

一、印制电路板图的概念

印制电路板图是用来表示电路原理图中各元器件在实际电路板上的位置的电路图。印制电路板可以替代各元件间的导线，避免导线之间发生短路，缩小电路装置的体积，提高可靠性。印制电路板特别适合于仪表板等电子控制装置部件。

二、印制电路板图的特点

印制电路板以绝缘材料制成底板，底板上压贴上一层薄铜皮，在铜皮上印上电路图，然后把不需要部分腐蚀掉，留下需要部分，作为导线，再根据电路焊上各种器件。印制电路板铜皮非常薄，不能承受大的负载电流。

印制电路板中，大面积铜箔电路相当于电路原理图上的搭铁线，通常搭铁线是相通的，某些组件的外壳等是搭铁的。

三、印制电路板图的识读技巧

读识印制电路板图的目的是寻找元器件在实际电路板上的具体位置，为安装、调制与维修做准备。因元器件在电路板上的实际位置与电路原理图的位置有较大出入，故正确读识印制电路板图是对电路原理图读识的深化，是识图的最后一关。印制电路板图的识读技巧有以下几点。

1. 抓住主要元器件

主要元器件有晶体管、集成电路等，因为它们在图中的数量较少，比较容易找到。

2. 根据元器件的分布规律去寻找

虽然印制电路板上的元器件分布不按电路原理图上的排列分布，但是某一级电路中的元器件基本上是集中在一起的。例如集成电路各引脚上的元器件基本上在集成电路附近。

3. 根据一些元器件的特征去寻找

元器件的特征有：每块集成电路上面都印有型号，根据型号可确定所要找的集成电路；体积最大的电解电容是电源滤波电容；在点火系统电路中，大功率晶体管多是控制点火线圈初级电流通断的大功率开关管等。

任务五 识读集成电路图

一、RT1760N 芯片电路

RT1760N 滚动码芯片组成的汽车遥控防盗系统遥控发射器电路如图 3-9 所示。

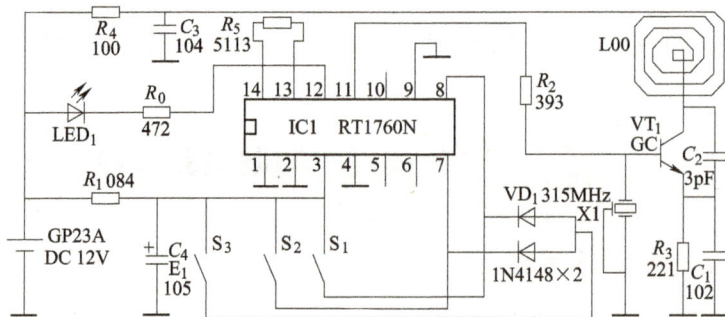

图 3-9　RT1760N 滚动码芯片组成的汽车遥控防盗系统遥控发射器电路

1. 识图方法说明

识读图 3-9 所示的遥控发射器电路时，可先从 GP23A 蓄电池的正极电流去向入手。该电流分成三路：一路经 R_1084 为 IC1（RT1760N）接线端子 3 供电；一路为 S_1、S_2、S_3 提供控制电压；另一路加至 LED_1 正极，而 LED_1 负极经 R_0 连至 IC1 接线端子 12，LED_1 的工作状态受控于该接线端子，为发射指示灯供电，LED_1 即为发射指示灯。

2. 信号流程分析

滚动码编码发生器 IC1 内部固化了滚动码编码程序，当按键开关 S_1、S_2、S_3 其中某一个被按下时，代表该接口的控制信号原始代码，经 IC1 内部的编码器编码加密后，从 IC1 的接线端子 11 输出信号。与此同时，IC1 内的指示灯控制电路也开始工作，并使其接线端子 12 翻转为低电平，从而使 LED_1 导通发光，以示遥控器处于信号发射状态。

二、LM358N 芯片电路

LM358N 芯片组成的汽车遥控防盗系统遥控接收器电路如图 3-10 所示。

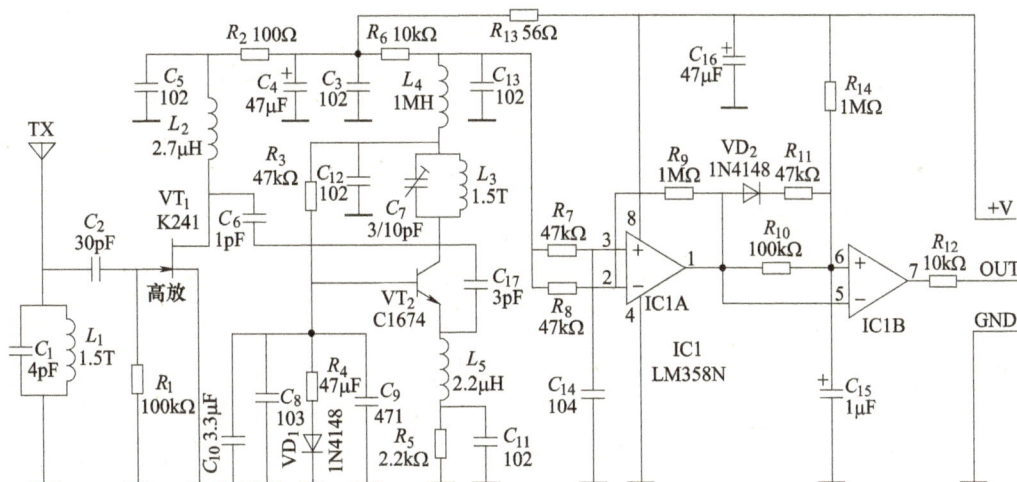

图 3-10　LM358N 芯片组成的汽车遥控防盗系统遥控接收器电路

1. 识图方法

1）供电分布的识别：识读图 3-10 所示的遥控接收器电路时，可从供电的分布来划分各个单元电路。

2）高频放大电路的识别：结合场效应晶体管 VT_1 的连接方式和其外围使用的元件来看，这是一级场效应晶体管共源高频放大电路，R_1 为 VT_1 栅极偏置电阻，L_2 为 VT_1 漏极负载电感。信号是从漏极输出的。

3）超再生接收电路的识别：它是遥控信号接收电路的第二部分，由 VT_2 等构成。

2. 信号流程分析

TX 为 24cm 软导线，由遥控发射器发出的高频信号经 TX 感应拾取，由 L_1、C_1 组成的并联谐振电路选频后，通过 C_2 耦合加到 VT_1 栅极，放大后的信号从 VT_1 漏极输出，经 C_{12} 耦合加至 VT_2 集电极，经 VT_2 组成的超再生电路对高频信号进行放大、选频、解调等处理后，得到的低频脉冲信号经 C_{14} 耦合加至放大整形电路。

任务六　识读现代电控系统电路图

一、电控单元的电源电路识读技巧

电控单元与电源的连接电路称为电控单元的电源电路（图 3-11），其一般分为两大类：一类与电源正极直接相连，其作用为在任何时候都给电控单元供电，以使电控单元保存数据信息，这类称为永久电源电路；另一类则在点火开关或其他开关的控制下直接或间接向电控单元供电，以提供正常工作时所需要的电能，这类称为主电源电路。

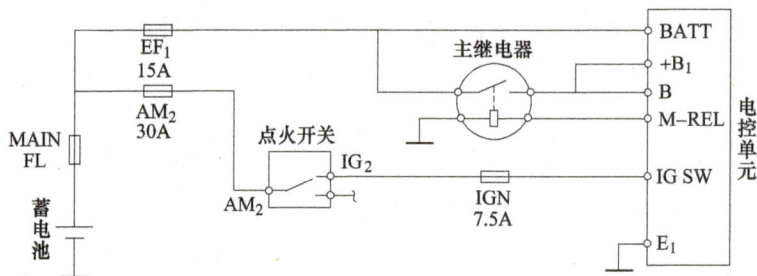

图 3-11　电控单元的电源电路

二、信号输入电路识读

信号输入电路有传感器电路、外接开关电路两种形式。

1. 传感器电路

传感器在电路图中不绘制其具体结构，只绘制其符号（或用文字标注）。有的车型电路图中传感器会用符号或字母较具体地表达（如热敏电阻、可变电阻等类型的传感器），而在实践中一般只需要了解其接线端子的代码等有关电路连接的内容。传感器电路可分为有源传感器电路和无源传感器电路。

（1）有源传感器电路　大多数传感器需要由电控单元提供基准电压（一般为5V）作为电源才能工作。这类传感器称为有源传感器，有源传感器的连线如图 3-12 所示。有源传感器的连接线一般分为电源线、信号线、搭铁线。

（2）无源传感器电路　有些传感器的工作无须提供电源，当外界条件变化时，传感器会产生电动势向电控单元发出电信号。这类传感

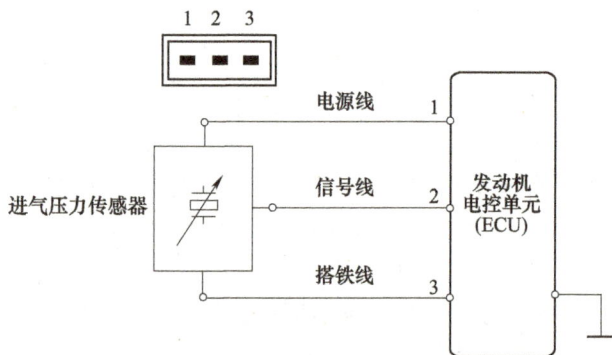

图 3-12　有源传感器的连线

器称为无源传感器，无源传感器的连线如图 3-13 所示。无源传感器因其信号微弱，为防止电磁干扰引起信号失真，信号线需要加屏蔽层。

2. 外接开关电路

电控系统中有多种开关，如点火开关、空调开关、制动开关、自动变速器档位开关等。这些开关向电子控制单元提供导通和断开两种电信号。常见开关电路有电压输入型和搭铁型。

电压输入型开关电路如图 3-14 所示，当开关闭合时，电控单元（ECU）接收的电压信号为蓄电池电压；当开关断开时，电控单元（ECU）接收的电压信号为 0V。

图 3-13 无源传感器的连线

搭铁型开关电路如图 3-15 所示，当开关闭合时，电控单元（ECU）的电压信号为 0V；当开关断开时，电控单元（ECU）的电压信号为基准电压。

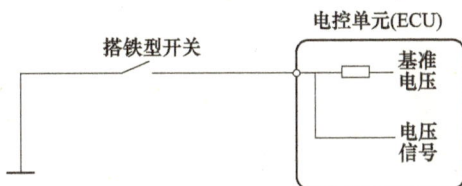

图 3-14 电压输入型开关电路

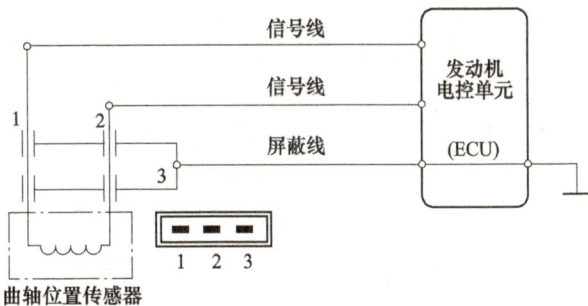

图 3-15 搭铁型开关电路

当电控单元的一个接线端子同时与开关和用电设备连接时，要注意区分电路的具体作用。

三、执行器工作电路识读

执行器是由电控单元进行控制的。常见执行器有电磁阀、继电器、电动机、蜂鸣器和喇叭等。执行器的控制电路如图 3-16 所示，执行器的电路分为电源电路和搭铁电路。当电控单元处于电源与执行器之间的电源电路时，电源电路即为控制电路。当电控单元处于执行器与搭铁之间的搭铁电路时，搭铁电路即为控制电路。

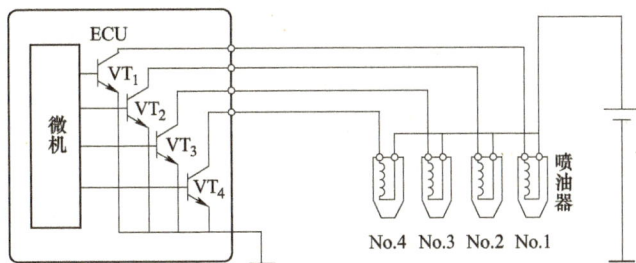

图 3-16 执行器的控制电路

—— 课后练习 ——

一、填空题

1. 每条支路一般按电源-电源线-_____-继电器或开关等中间环节-用电设备-_____

__-电源的顺序找线。

2. 电路图提供的信息在电路图中，每根导线中都标注有_____代号（或_____与_____组合代号），这些代号代表了该线的_____、_____。

3. "搭铁"点是电路图中的参考点，常称为_____。

4. 执行器是由_____进行控制的。

5. 当电控单元处于电源与执行之间的电源电路时，电源电路即为_____。

6. 当电控单元处于执行器与搭铁之间的搭铁电路时，搭铁电路即为_____。

二、问答题

1. 什么是有源传感器电路，什么是无源传感器电路，有什么异向点？

2. 什么是汽车电子电路图中的方框图、安装图和电路原理图？各有什么作用？

汽车主要电气系统的电路分析

项目说明

随着汽车技术的不断发展，汽车用电设备不断增加，要检修汽车电气设备，掌握汽车主要电气系统的电路分析方法、电路检测要点以及学会看电路图等技能是必不可少的。

项目目标

1. 掌握各系统电路分析的方法。
2. 能依据电路分析电路故障原因。
3. 了解电路故障排除的方法。
4. 具有良好职业素养，能安全文明操作。

任务一　认知电源系统

一、电源系统组成及基本原理分析

蓄电池与发电机是汽车上的两大电源，它们一起向用电设备供电。交流发电机是主要电源，它正常工作时与电压调节器互相配合，向除起动系统以外的用电设备供电，并向蓄电池充电。发电机总成如图 4-1 所示。

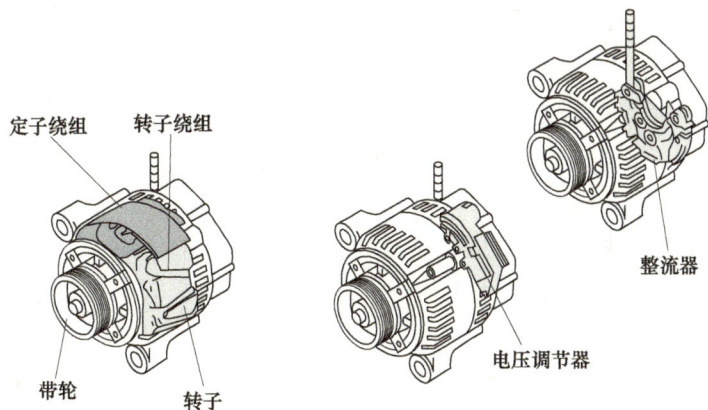

图 4-1　发电机总成

充电系统主要由蓄电池、点火开关、发电机、电压调节器和充电指示灯等组成。发电机在汽车上的位置如图4-2所示。

发电机电压调节器装于发电机内部，组成整体式交流发电机，发电机内部接线图如图4-3所示。发电机对外有5个接线柱，分别为B、L、IG、S、M。充电系统电路主要由发电机工作电路（即发电机转子供电电路及电压调节器电路）、充电电路及充电指示灯电路组成。

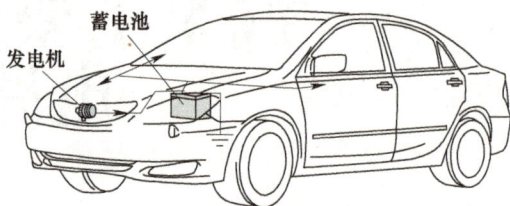

图4-2　发电机在汽车上的位置

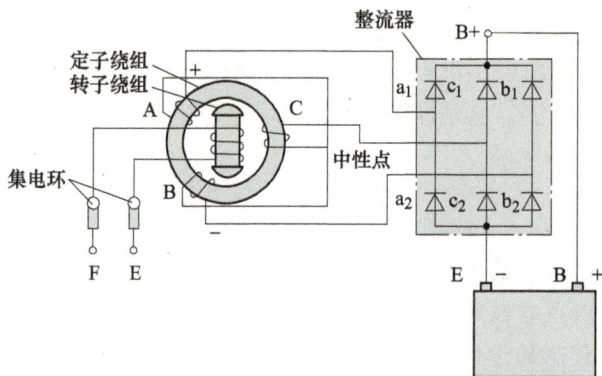

图4-3　发电机内部接线图

二、典型车系电源系统电路分析

发电机电路图如图4-4所示，根据图4-4可分析发电机发电/充电过程。

1. 发电机工作电路

1）发电机IG端子：当点火开关打至ON档时，蓄电池通过端子IG给电压调节器提供工作电源。电路：点火开关控制的继电器开关IG端子→1号GAUGE熔丝→发电机B2端子IG。

2）发电机S端子：S端子为蓄电池电压检测端子，检测电路：蓄电池正极→ALT-S熔丝→发电机B1端子S。

3）发电机M端子：M端子接C24（B）发动机ECU，用于控制空调加热器元件的数量。

2. 充电电路

发电机B端子是发电机的输出端，充电电路：发电机A1端子B→ALT熔丝→FLMAIN主熔丝→蓄电池→蓄电池搭铁点→发电机搭铁点，给蓄电池充电。

3. 充电指示灯电路

充电指示灯电路接至点火开关电流（IG）→2号GAUGE熔丝→组合仪表A13端子IG+→充电指示灯→A23端子CHG-→发电机B4端子L。发电机没发电或充电量低时，指示灯两边会形成较大的电位差，遂指示灯会亮起以警示没充电。当发电机发电量正常时，L端子会输

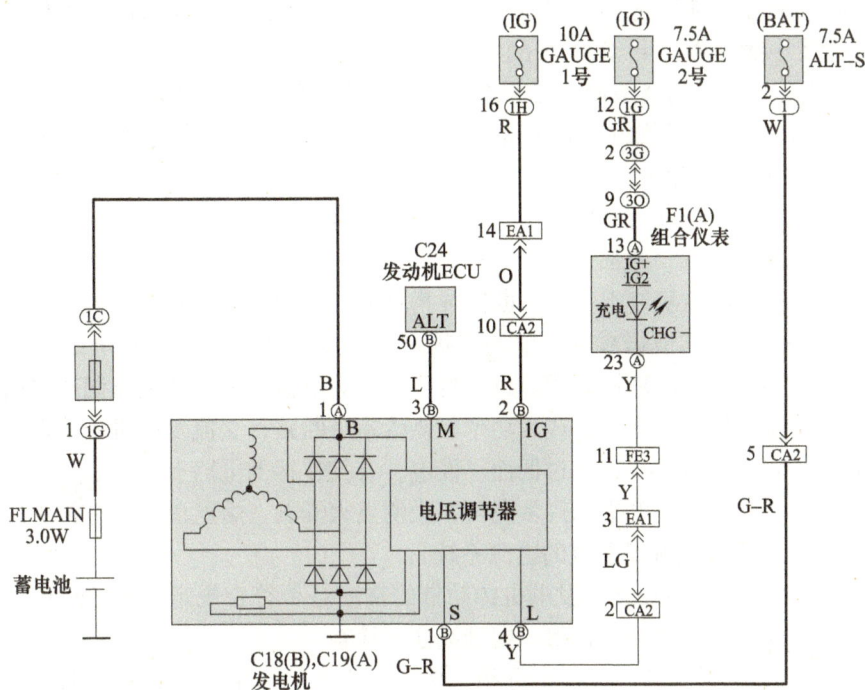

图 4-4 发电机电路图

出较大的电量，这时指示灯两边电位差基本相等，所以指示灯会熄灭。

三、充电系统故障诊断与排除

1. 充电指示灯不亮故障

故障现象：接通点火开关和发动机正常运转时，充电指示灯始终不亮。

故障原因：充电指示灯灯丝断路；熔丝熔断，使指示灯电路不通；指示灯或电压调节器电源电路导线断路或插头松动；蓄电池极柱上的电缆接头松动；点火开关故障；发动机电刷与集电环接触不良；电压调节器内部电路故障，如电压调节器内部电子元件损坏而使大功率晶体管不能导通或大功率晶体管本身断路。

故障诊断与排除：当接通点火开关充电指示灯不亮，且起动发动机后发电机不能发电时，故障排除方法与诊断程序如下。

1）首先断开点火开关，检查熔丝是否熔断。如果该熔丝熔断，则必须更换相同容量的熔丝；如果仪表熔丝良好，再继续往下检查。

2）接通点火开关，用万用表检测熔丝上的电压值，如果电压为零，则说明点火开关以及点火开关与熔丝之间电路有故障，应予以检修或更换；如果熔丝上的电压等于蓄电池的电压，再继续往下检查。

3）拆下电压调节器接线端子上的导线，接通点火开关，用万用表检测电压调节器接线柱上导线的对地电压，如果电压为零，则说明仪表板上的充电指示灯或充电指示灯的旁通电阻断路，或仪表板与电压调节器之间的电路断路，应予以检修或更换；如果所测电压等于蓄电池的电压，再继续往下检查。

4）检查电刷与电刷弹簧，检查电刷与集电环接触是否良好，如果接触不良，应予以检修或更换；如果接触良好，再继续往下检查。

5）检查电压调节器有无故障，如果有，则需更换电压调节器总成。

6）检查发电机的转子绕组有无短路、断路、搭铁故障，如果有，则需更换。

2. 电源系统不充电故障

故障现象：发动机起动后，仪表板上的充电指示灯不熄灭，或是在发动机正常运转过程中，充电指示灯始终亮着，这都说明发电机出现了不充电故障。

故障原因：发电机磁场绕组短路、断路或搭铁而导致磁场电流减小或不通；定子绕组短路、断路或搭铁故障；整流器故障；电刷磨损过度、电刷弹簧无弹性或电刷在电刷架中卡住，而造成电刷不能与集电环接触或接触不良；电压调节器故障，如电压调节器内部电子元件损坏而使大功率晶体管不能导通或大功率晶体管本身断路；交流发电机的传动带过松，由于传动带打滑，发电机不转或转速过低而不发电，有关连接的电路有故障。

故障诊断与排除：当充电指示灯常亮时，说明点火开关、熔丝以及充电指示灯技术状态良好（指九管、十一管交流发电机的电源系统）。

1）断开点火开关，检查交流发电机传动带的挠度是否符合规定（5~7mm），挠度过大应予以调整；如果传动带的挠度正常，则继续往下检查。

2）拆下电压调节器接线端子上的导线，接通点火开关，用万用表检测电压调节器接线柱之间电压，如果电压为零，充电指示灯发亮，则说明仪表板与电压调节器之间的电路搭铁，应予以检修或更换；如果所测电压等于蓄电池的电压，再继续往下检查。

3）检查电刷与电刷弹簧，检查电刷与集电环接触是否良好，如果接触不良，应予以检修或更换；如果接触良好，再继续往下检查。

4）检查电压调节器有无故障，如果有，则需更换电压调节器总成。

5）检测发电机的定子绕组、转子绕组有无短路、断路、搭铁等故障；检测整流器有无故障，如果有，应予以检修或更换。

3. 充电指示灯时亮时灭故障

故障现象：接通点火开关和发动机正常运转时，充电指示灯时亮时灭。

故障原因：发电机传动带挠度过大而出现打滑现象；发电机个别整流二极管断路、某相定子绕组连接不良或断路而导致发电机输出功率降低；发电机电刷磨损过度；电压调节器调节电压过低；相关电路接触不良。

故障诊断与排除：

1）检查传动带的挠度是否符合规定。

2）检查相关电路连接情况，如果不正常，则需检修。

3）拆下电压调节器和电刷组件总成，并按前述方法检查电压调节器和电刷组件，如果不正常，则需检修或更换。

4）检修发电机总成。

4. 蓄电池充电不足故障

故障现象：接通点火开关时充电指示灯能亮，发动机起动后和运转时充电指示灯也能熄灭，但蓄电池会很快出现亏电，并且起动发动机时，起动机运转无力、夜间行车前照灯灯光暗淡。

故障原因：发电机传动带过松或损坏；发电机输出端子 B 至蓄电池正极柱之间的电路断路或导线端子接触不良；发电机电刷磨损过度导致电刷与集电环接触不良；发电机电刷弹簧卡滞或弹力不足而导致电刷与集电环接触不良；电压调节器调节电压过低或其内部电路有故障；发电机转子绕组短路，使磁场变弱而导致发电机输出功率降低；发电机整流器故障或定子绕组有短路、缺相故障而导致发电机输出功率降低；蓄电池使用时间过长、极板硫化、损坏或活性物质脱落；全车电路中有导线搭铁而漏电。

故障诊断与排除：保持蓄电池外表面的清洁干燥，定期疏通通气孔。充电时应打开加液孔盖定期检查并调整电解液液面高度。当冬季放电超过 25%，夏季放电超过 50% 时，应及时补充充电。冬季蓄电池应经常保持在充足电的状态。冬季向蓄电池内补加蓄馏水时，必须在蓄电池充电前进行。

5. 发电机充电电流过大故障

故障现象：汽车灯泡易烧；蓄电池温度过高且其电解液消耗过快。这说明发电机充电电流过大。

故障原因：一般是电压调节器调节电压过高或电压调节器失效。

故障诊断与排除：在确认灯泡易烧、蓄电池温度过高和电解液消耗过快而无其他原因时，应更换电压调节器。

四、汽车漏电检测

1. 实测工具

万用表。

2. 操作步骤

1）拆下蓄电池负极电缆，将万用表拨到电流档最大档，红表笔连接负极线，黑表笔连接蓄电池接线柱并固定。万用表就车测量蓄电池电压如图 4-5 所示。

2）关闭车内外所有用电设备，锁好车门，观察电流大小。

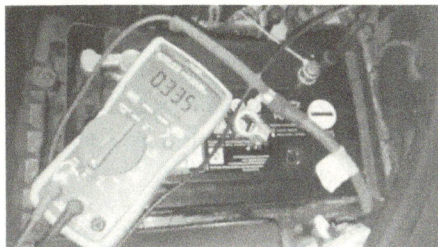

图 4-5　万用表就车测量蓄电池电压

3）等待 20min 左右；待汽车所有模块进入休眠状态后，读取准确的静态放电电流。

静态放电电流一般在 0.03A（即 30mA）左右，不超过 50mA，具体参照维修手册。

4）如果静态放电电流过大，可以通过拔熔断器与继电器的方法检查，即把熔断器一个个地拔下来，观察静态放电电流的大小（若拔下熔断器后静态放电电流值不改变，插回熔断器或继电器）。

5）如果拔下某一熔断器或者继电器，静态放电电流变成正常数值，则查找与该熔断器相关的电路，找到漏电的地方（如果是继电器，还要检查继电器本身是否故障，即触点是否烧连）。

6）如果拔下某一熔断器或者继电器后，静态放电电流下降，但是没到正常值，此时应记录静态放电电流值，然后将熔断器或断电器插回去，继续插拔其他的熔断器与继电器，因为有可能不止一个地方漏电。

7）维修好后，拆下万用表，装复蓄电池负极电缆。

3. 不易查找到的漏电位置

不易查找到的漏电位置有行李舱灯、杂物箱灯、点烟器。

任务二 认知起动系统

一、起动系统组成

起动系统由起动机、起动继电器、起动开关及起动保护装置组成（图4-6）。起动系统电路一般分为起动机的主电路和控制起动机电路通断的控制电路。

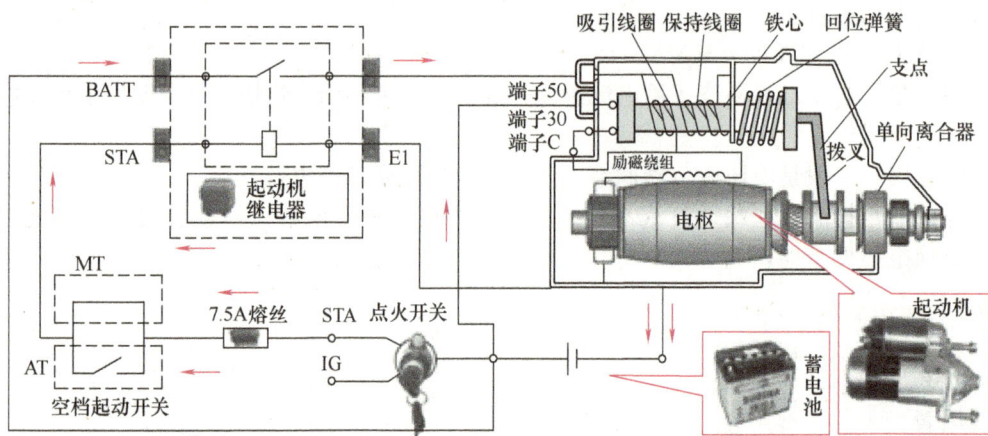

图4-6 起动系统组成

目前很多汽车实现了对起动系统的计算机控制，由计算机对汽车状态进行监测，判断是否允许起动。监测要素主要有4种。

1）起动开关是否闭合。

2）装有自动变速器的汽车，自动变速器的档位开关是否处于"P"位或"N"位。

3）发动机是否在运转中，若在运转中，不允许起动机工作，以保护起动机和发动机。

4）防盗系统检测是否可正常起动。

二、起动系统识图

1. 丰田卡罗拉起动系统电路（图4-7）

1）起动机第一控制电路：当点火开关置于 START 位置时，电流路径为蓄电池正极→7.5A AM1 熔丝→点火开关 2#→点火开关 1#→驻车/空档位置开关或离合器起动开关→起动继电器 1#→起动继电器线圈→起动继电器 2#→E1 搭铁点搭铁。此时起动继电器线圈得电，其触点闭合，起动继电器 5#与 3#导通。

2）起动机第二控制电路：电流路径为蓄电池正极→30A AM2 熔丝→点火开关 7#→点火开关 8#→起动继电器 5#→起动继电器 3#→起动机 B1（后分两路，一路经吸引线圈→搭铁；另一路经保持线圈）→起动电动机→搭铁。此时线圈得电，电磁开关闭合。

3）主电路：电流路径为蓄电池正极→起动机 A1→电磁开关→起动机→起动机搭铁→

蓄电池负极。此时起动机得电起动。

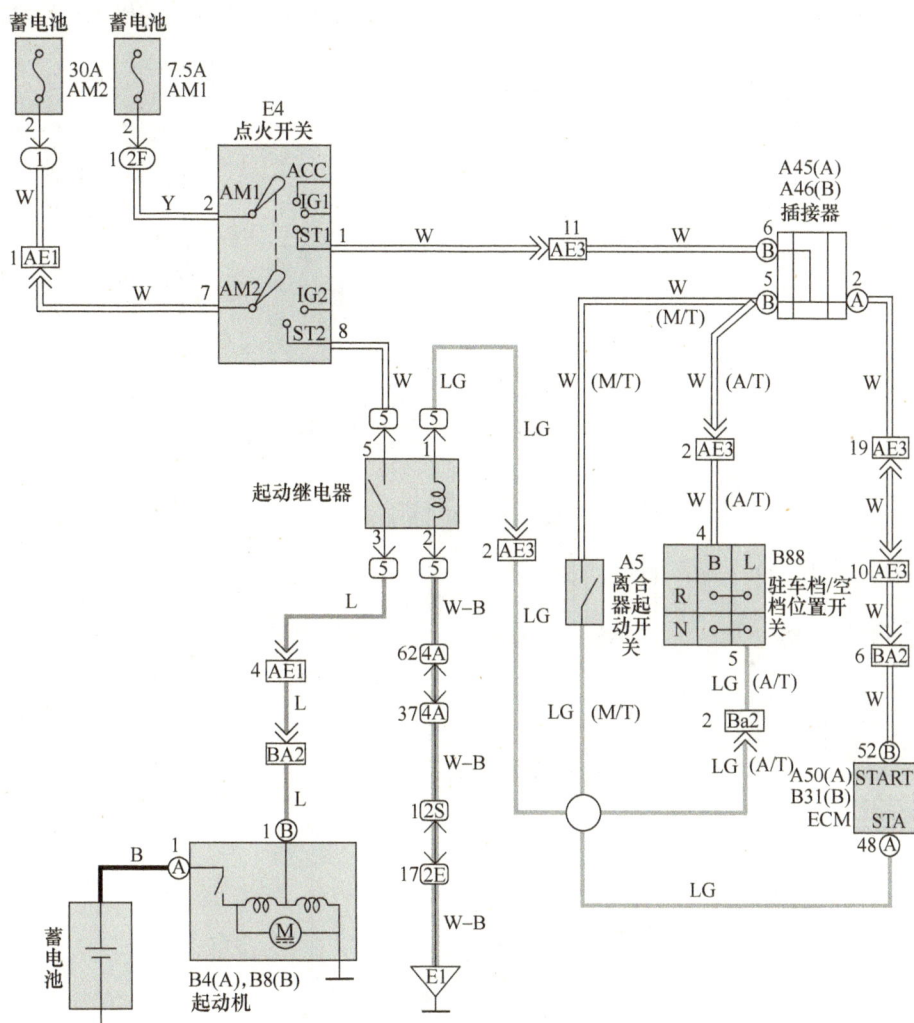

图 4-7　丰田卡罗拉起动系统电路

2. 本田雅阁 K20A7/K20A8/K24A4 起动系统电路（图 4-8）

1）装有自动变速器（A/T）的本田雅阁汽车电路。

① 起动机第一控制电路：当点火开关转到起动档（ST）且 A/T 档位开关（自动变速器）置于空档位置时，电路中电流路径为蓄电池正极→发动机舱盖下熔断器/继电器盒中的熔丝 22（100A）→熔丝 23（50A）→点火开关→起动机断电继电器线圈→自动变速器 A/T 档位开关→G101 搭铁→蓄电池负极。此时起动机断电继电器磁场线圈得电。

② 起动机第二控制电路：起动机断电继电器磁场线圈通电而产生磁场，使其触点闭合，电路中的电流路径为蓄电池正极→发动机舱盖下熔断器/继电器盒中的熔丝 22（100A）→熔丝 23（50A）→点火开关→起动机断电继电器触点→起动机接线柱 S（后分两路，一路经吸引线圈→搭铁→蓄电池负极；另一路经保持线圈）→起动机→搭铁→蓄电池负极。此时起动机蓄电池阀触点通电而吸合。

③ 主电路：起动机电路中的电流路径为蓄电池正极→起动机电磁接线柱 **B**→开关触点→电磁接线柱 **M**→起动机→搭铁→蓄电池负极。起动机进入工作状态带动发动机飞轮转动。

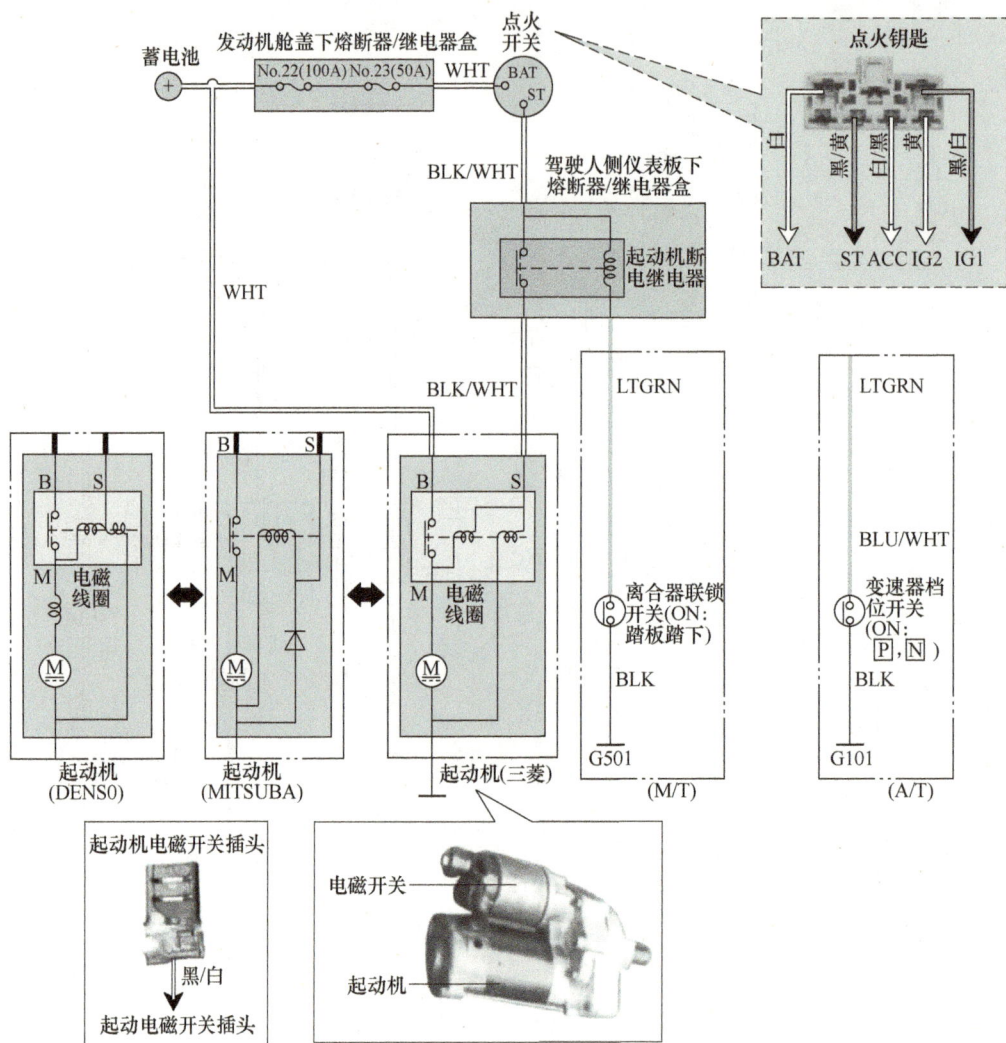

图 4-8　本田雅阁 K20A7/K20A8/K24A4 起动系统电路

2）装有手动变速器（MT）的本田雅阁汽车电路。

电路分析：当点火开关转到起动档（ST）且踏板踩下时，电路中电流路径为蓄电池正极→发动机舱盖下熔断器/继电器盒中的熔丝 22（100A）→熔丝 23（50A）→点火开关→起动机断电器线圈→离合器联锁开关（踏板踩下时接通）→G101 搭铁→蓄电池负极。

余下工作情况与装有自动变速器的汽车起动情况相同。

三、起动系统电路检测

起动系统电路检测时使用万用表，采用逐点搭铁检测法可确认断路部位，采用依次拆断检测可确诊短路搭铁部位。检测顺序可从前向后，也可从后向前，或从中间向两边依次选择各个节点进行，主要分两个电路的检测。

1）起动控制电路，主要检测电路的通断情况。

2）起动机供电电路，重点检测电路各节点的电压降情况，各节点连接处的电压降不得大于 0.2V。

四、故障案例

故障现象：一辆 2014 年生产的，发动机型号为 LDE 的发动机无法起动，起动机不运转。

故障分析：雪佛兰科鲁兹汽车起动机电路图如图 4-9 所示。

1）找到起动机继电器 KR27，直接短接 KR27 的 30 端子和 87 端子，起动机可以运转。

2）根据该现象确定起动机所在的起动机继电器触点电路没有问题，而且起动机也无故障。进一步检查起动机无法工作的原因是否为起动继电器的线圈控制电路故障。从起动电路上可以看出，起动继电器线圈的电源是从发动机控制模块 K20 的 X1-29 端子输出的，用万用表电阻档测量发动机控制模块 K20 的 X1-29 至起动继电器 KR27-86 端子之间导线电阻为 0.1Ω，正常。

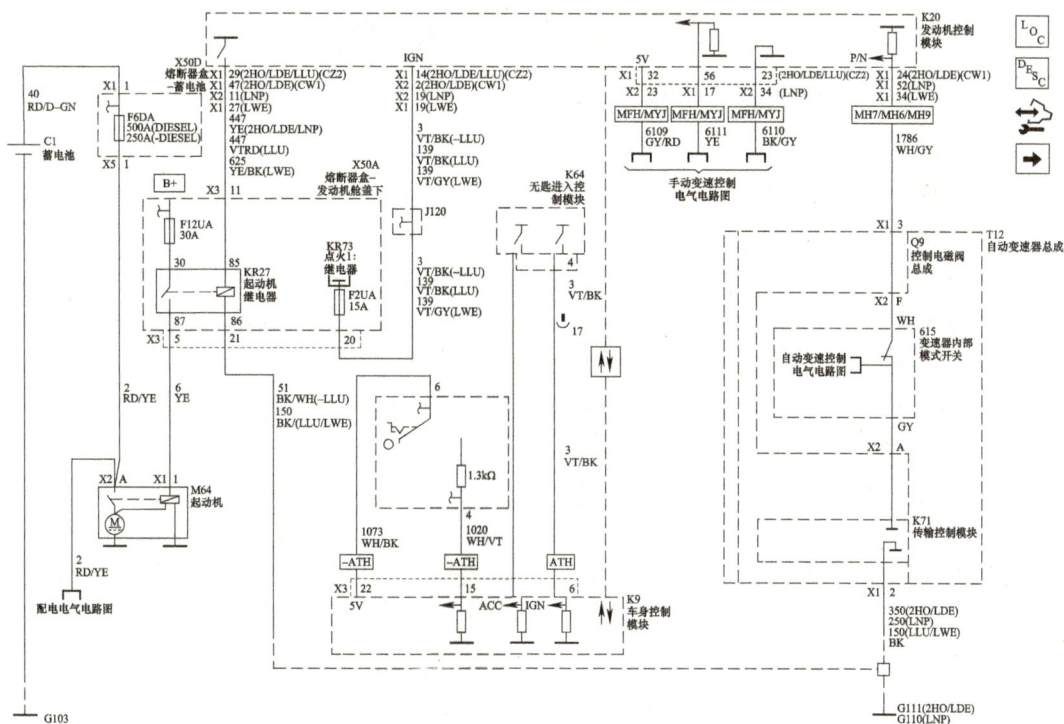

图 4-9　雪佛兰科鲁兹汽车起动机电路图

3）在使用故障诊断仪进入发动机控制模块时，发现 KT600 无法和发动机控制模块 K20 通信。判断无法通信原因是发动机控制模块的电源电路故障，或发动机控制模块 K20 本身故障，或发动机控制模块 K20 与故障诊断仪 KT600 之间的通信电路故障。

4）为了进一步查找故障点，使用故障诊断仪 KT600 连接变速器控制模块，KT600 能进入变速器控制模块，并读出 U0100 与发动机控制模块失去通信的故障码。由此判断故障是电路或者部件故障，而非故障诊断仪与发动机控制模块 K20 之间的通信电路故障。由于发动机控制模块损坏的可能性较小，也本着故障诊断由简入繁的原则，接下来应首先查找 K20 电源电路，通过查阅维修手册找到发动机控制示意图。

5）测量电源电路上的熔丝 F2UA，发现车上的熔丝是 5A，而电路图上标注的熔丝是 15A，初步判断是由于熔丝容量过低无法满足汽车设计需要的 15A 电流，从而造成熔丝熔断。拔下 2 号位置的 5A 熔丝，用万用表测量，发现熔丝熔断。为了全面诊断电源电路，用万用表电压档测量熔丝 F2UA 一端电压为电源电压，正常。熔丝另一端至发动机控制模块 K20 的 X1-14 之间的电阻为 0.1Ω，正常。测量发动机控制模块 K20 的 X1-34 与搭铁点 G111 之间的电阻为 0.1Ω，正常。至此找到造成发动机无法起动，起动机无法运转的故障是由于熔丝 F2UA 位置的熔丝容量选择不当而熔断，从而使发动机控制模块 K20 电源电路断路而造成的。

故障点评：科鲁兹起动电路的工作逻辑是发动机控制模块 K20 在接收无钥匙模块起动指令后，检查档位信号、制动信号等必要条件，控制起动继电器 KR27 导通，起动机工作。起动继电器本身及相关电路故障、K20 本身及其供电电路故障、无钥匙指令或档位等必要信号传输故障都会导致无法起动，本案例故障是 K20 的 30 号供电故障导致的。

任务三　认知点火系统

一、点火控制

点火控制内容：点火方式、点火正时（点火提前角）、爆燃控制。点火系统的工作原理如图 4-10 所示。

发动机工作时，电控模块根据接收到的传感器信号，按存储器中的相关程序和数据，确定出最佳点火提前角和通电时间，并控制点火线圈初级电路的导通和截止。当电路导通时，有电流从点火线圈中的初级电路通过，点火线圈将点火能量以磁场的形式储存起来。当初级电路被切断时，次级线圈中产生很高的感应电动势，直接送至工作气缸的火花塞。

二、点火方式

目前点火方式分为双点火、单点火。双点火是 1、4 缸，2、3 缸同时点火，两个火花塞共用一组点火线圈。单点火是各缸的点火顺序和发动机做功顺序一样，例如经典福克斯 1.8L/2.0L 的点火顺序都为 1—3—4—2。对于单点火系统来说，一旦失去凸轮轴位置传感器的信号，则变成 1、4 缸及 2、3 缸同时点火。点火波形如图 4-11 所示。

三、点火正时控制

点火正时即点火时刻，用曲轴或活塞的位置来进行定位。理论上来说，应该是在压缩行程中，当活塞运行到上止点时，火花塞点火。但实际上，发动机运行环境并不是理想化的，因此会存在提前点火，即在活塞运行到上止点前就已经点火了。这个提前量用曲轴的相位角来计量，即点火提前角，用参数 SPARK ADV 来显示当前发动机的点火提前角大小，也可以直接用示波器双通道调出凸轮轴位置传感器（CMP）与 1 缸点火波形。

参数 SPARK ADV：初级线圈断电时到凸轮轴传感器波形中上止点位置之间的时间长度

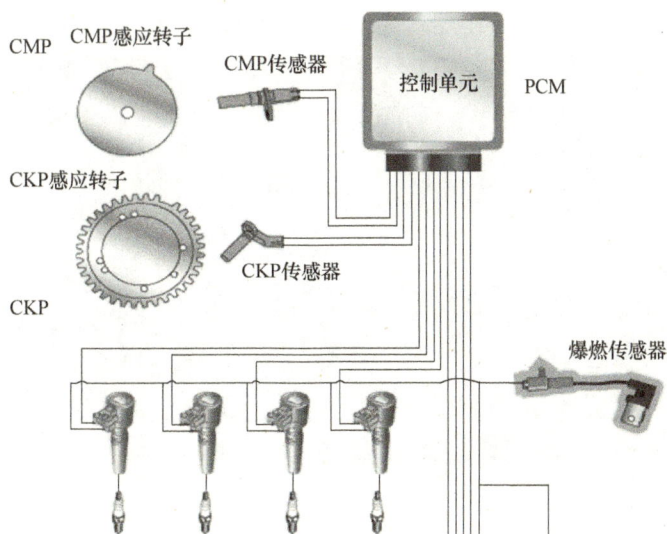

图 4-10 点火系统的工作原理

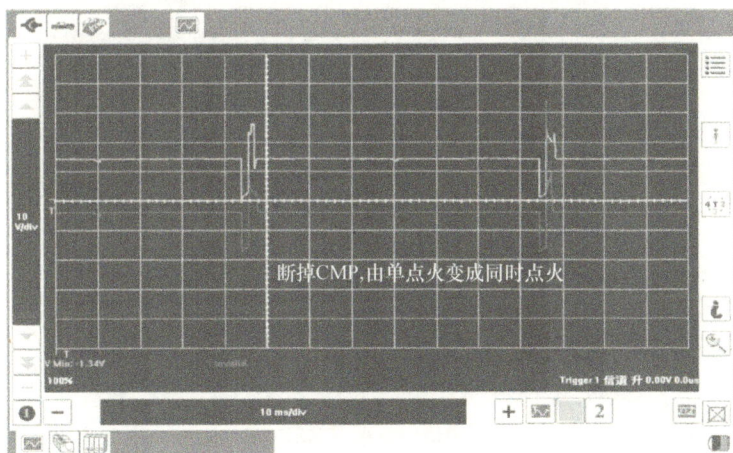

图 4-11 点火波形

即是点火提前角度。初级线圈波形如图 4-12 所示。

四、爆燃控制

在电控发动机中，引起爆燃的原因是多样的，所使用燃油不符合发动机要求、压缩比过大、积炭严重、冷却液温度过高、点火时刻不合适等都可能引起爆燃。在现有发动机中，对发动机爆燃的控制就是控制点火时刻。爆燃传感器（KS）所在位置如图 4-13 所示。

动力控制模块（PCM）利用爆燃传感器（KS）监测发动机是否发生爆燃，若哪一缸发生爆燃，则延迟该缸的点火以抑制爆燃的产生。

爆燃传感器（KS）为压电式传感器，只要发动机抖动，该传感器就会产生交流电压。因此，可用一把橡胶锤敲击缸体或发动机支架，看其是否产生电压信号，从而判断其好坏。

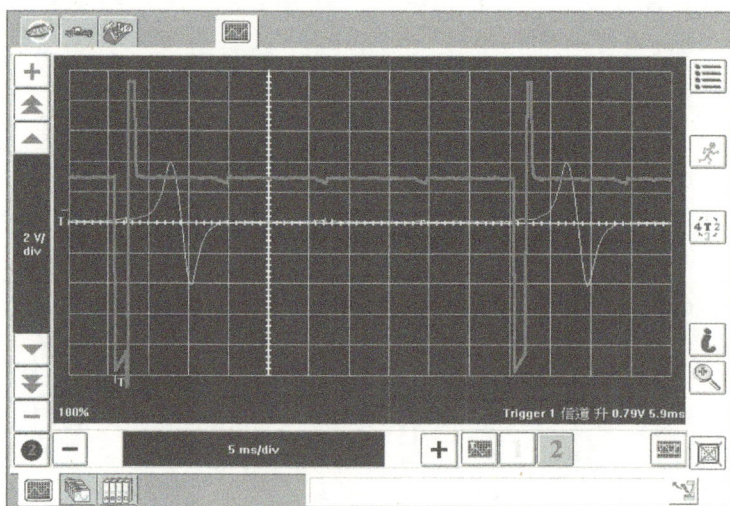

图 4-12　初级线圈波形

图 4-13　爆燃传感器（KS）所在位置

爆燃传感器参数如图 4-14 所示。

	类型	单电子点火（Single Electronic Ignition，SEI）
点火系统	点火提前	电子控制
	点火顺序	1-3-4-2 （各缸独自点火）
点火线圈	初级线圈阻值/Ω	0.45~1.15
	次级线圈阻值/kΩ	5.0~6.0

图 4-14　爆燃传感器参数

五、初级线圈和次级线圈

点火线圈正是利用"变压器"的原理，将蓄电池电压（12V）变成很高的点火电压（3~

4kV）。如果没有这么高的点火电压，则燃烧就会受到影响，发动机就会比较费油，同时动力下降。点火线圈如图4-15所示。

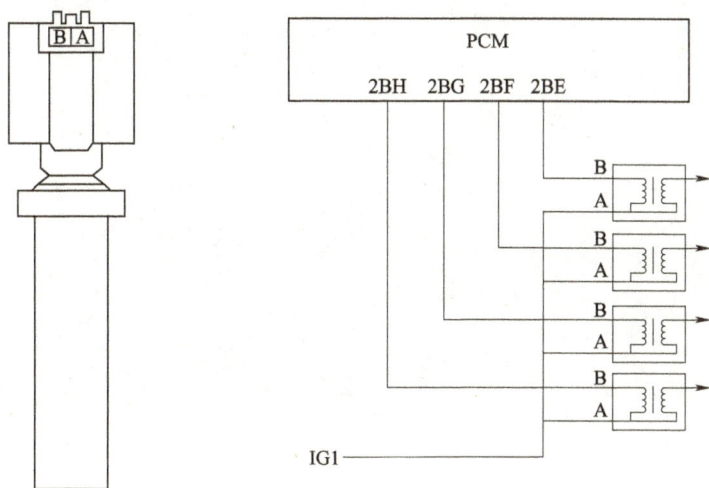

图4-15　点火线圈

六、点火系统诊断与维修

（一）火花塞

对于火花塞，需注意的是：

1）火花塞的间隙大小是否适合（维修手册上有间隙大小参数）。

2）火花塞上积炭是否严重。

3）火花塞型号是否适合该发动机（维修手册上有具体的型号要求）。

4）火花塞插高压线处是否清洁干净、无锈。

（二）线圈检查

可以测量初级线圈电阻。

（三）点火方式与点火波形

初级线圈波形：连接计算机IDS诊断软件与诊断盒子VMM，打开IDS示波器，将1信道—手动—信号选为"红色表笔"，2信道—手动—信号选为"黑色表笔"。单击运行按钮（从停止的"红色 "到跑动的"绿色 "），同时将红表笔、黑表笔插上大头针，红表笔插到1缸初级线圈控制线，黑表笔插到4缸初级线圈控制线。这时得到的波形即为1、4初级线圈点火波形。点火顺序为1-3-4-2，可通过初级线圈或次级线圈波形查看。点火顺序中1—4缸波形不在同一个时间点上。点火系统的点火顺序如图4-16所示。

次级线圈波形：将信道3选为"点火A"，信道4选为"点火E"，并将相应的次级线圈波形测试线与线圈夹（COP形式）连接到1—4缸，得到的波形就为1—4次级线圈波形。点火系统次级波形如图4-17所示。

（四）点火系统故障现象分析

1. 发动机不能起动或起动困难

1）故障现象：发动机在行驶途中突然熄火；起动机带动曲轴运转正常，但不能起动或

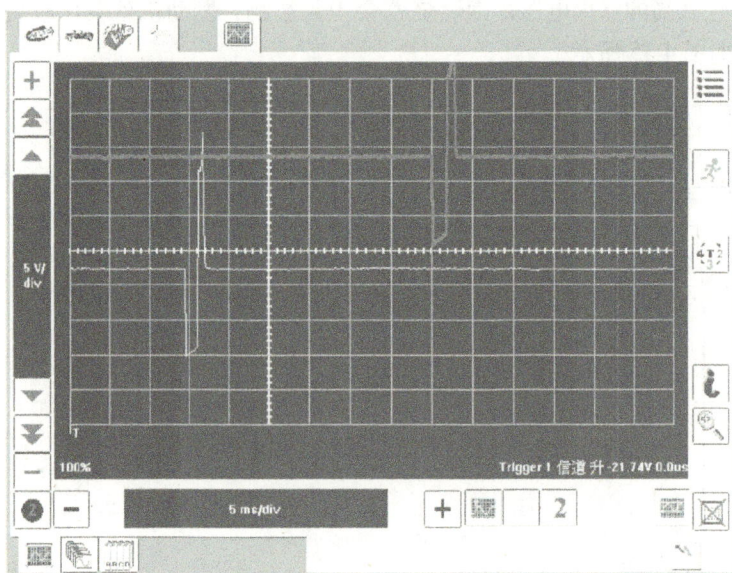

图 4-16　点火系统的点火顺序

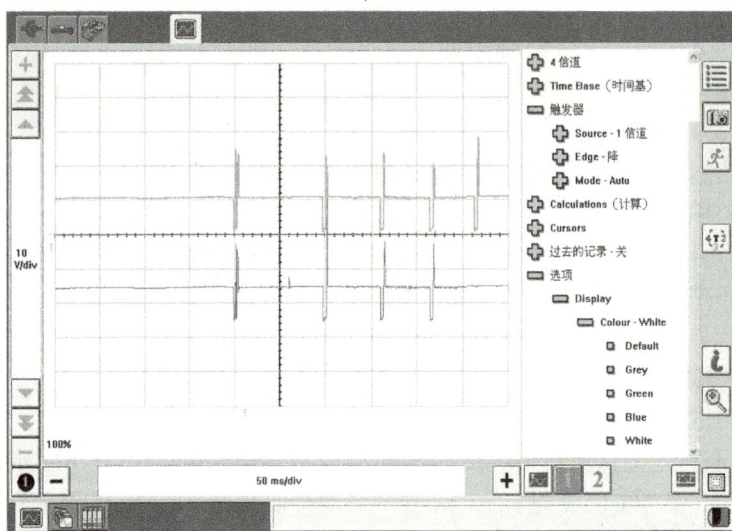

图 4-17　点火系统次级波形

起动困难；火花塞潮湿。

　　2）故障诊断与排除：

　　① 火花塞潮湿：清洗、烘干或更换火花塞。

　　② 点火器故障：检查或更换点火器。

　　③ 点火信号发生器性能不良：检查或更换点火信号发生器。

　　④ 断电器故障：检修或更换断电器。

　　⑤ 电容器击穿：更换电容器。

　　⑥ 点火开关损坏：更换点火开关。

⑦ 点火线圈短路、断路：更换点火线圈。

⑧ 电路连接不良、搭铁或熔丝熔断：检修电路及熔丝。

⑨ 分缸线漏电或断裂：更换分缸线。

⑩ 中央高压线绝缘性能下降、漏电：更换中央高压线。

2. 个别缸不点火

1）故障现象：发动机运转不稳，怠速时发动机抖动；排气管冒黑烟或白烟，并发出有节奏的"突突"声或放炮声。

2）故障诊断与排除：

① 个别缸的火花塞绝缘体破裂、电极间隙不当、有油污、积炭：检修或更换火花塞。

② 分缸高压线脱落或漏电：检修或更换分缸高压线。

③ 分电器盖破裂漏电：更换分电器。

④ 点火线圈老化：更换点火线圈。

3. 点火时间不当

1）故障现象：发动机动力性能不良、运转平稳性差，有爆燃、易过热的现象（可能是点火时间不当引起的）。点火时间不当分为点火过早和过迟两种情况，发动机起动时有反转、怠速和急加速时，若有爆燃，则为点火过早；若发动机发闷无力、易过热、排气管冒黑烟、放炮，则为点火过迟。

2）故障诊断与排除：若点火时间不当（主要原因是点火正时调整不当），则应调整点火正时；若分电器上的点火提前角离心调节装置失效和真空调节装置失效或管路连接不密封，则应检修调节装置。其中点火正时调整不当最为常见。

任务四 认知照明系统与信号系统

汽车照明系统与信号系统包括汽车照明灯、汽车信号灯及安全指示灯等。汽车照明系统与信号系统的故障率较高，故障原因主要是导线连接松动、接触不良、短路、搭铁、断路和充电系统电压调整过高等。汽车照明系统与信号系统故障在诊断时常采用试灯法和电源短接法。

一、外部灯光

现代汽车前照灯由多个部件构成，主要包括前照灯壳体、壳体外盖、用于近光灯的氙气灯泡、用于远光灯与闪光灯的卤素灯泡、转向信号灯灯泡、驻车灯灯泡、前照灯调平电动机、激活模块、控制模块。其前侧灯与转向信号灯都整合在前照灯的壳体内部，前照灯总成中所装的灯泡用作近光灯。氙气前照灯为选装配件，氙气灯泡可产生出高出传统灯泡的亮度。另外，高配版的外部灯光系统还具有前照灯水平调节、智能弯道辅助照明灯、自动前照灯、前照灯清洗系统、"伴我回家"等功能。

（一）氙气前照灯

1. 氙气前照灯的优点

一般的55W卤素灯只能产生1000lm的光通量，而35W氙气灯能产生3200lm的光通量，拥有超长及超广角的宽广视野，提升驾车舒适感，使夜晚视野更清晰，可大大减少行车事故。氙气灯是利用电子激发气体发光，并无钨丝存在，因此寿命较长（约为 3000h），而卤素灯只有约 500h 寿命。其主要优点有：

① 节电性强：能减轻汽车电力系统的负荷，相应提高了汽车性能，节约能源。

② 色温性好：色温在 4300～12000K，6000K 接近日光，深受广大用户的好评，而卤素灯只有 3000K，光色暗淡发红。

③ 恒定输出，安全可靠：当汽车的供电系统和蓄电池出现故障时，镇流器会自动关闭停止工作。发生故障不会瞬间熄灭，而是通过逐渐变暗的方式熄灭，使驾车者能在黑夜行车中赢得时间，紧急靠边停车。

2. 光学原理

汽车氙气灯与传统卤素灯不同，它是一种高压放电灯，它的发光原理是利用正负电刺激氙气与稀有金属化学反应发光，因此灯管内有一颗小小的玻璃球，其中灌满了氙气及少许稀有金属，只要用电流去刺激它们进行化学反应，两者就会发出色温高达 4000～12000K 的光。它采用一个特制的镇流器，利用汽车蓄电池 12V 电压产生 23000V 以上的触发电压使灯启动。启动时 0.8s 内的亮度是额定亮度的 20%，达到卤素灯的亮度，并使前照灯在 4s 以内达到额定亮度的 80% 以上。在灯稳定后镇流器向灯提供约 85V 供电电压保持灯以恒定功率工作。

3. 氙气前照灯的结构及工作原理

氙气前照灯为选装配件，装备了氙气前照灯的汽车，需要有自动前照灯调平系统，该系统由下列组件组成：在前轴与后轴上的汽车水平传感器；位于左前照灯壳体上的主动控制模块；位于右前照灯壳体上的从动控制模块；在两前照灯壳体中的前照灯调平电动机。氙气前照灯结构如图 4-18 所示。

氙气灯是指高强度放电（High Intensity Discharge，HID）灯。氙气灯是重金属灯，在抗紫外

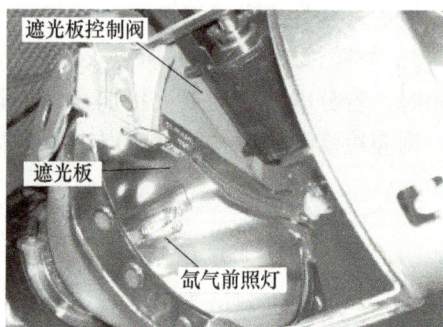

图 4-18 氙气前照灯结构

线水晶石英玻璃管内填充多种化学气体（如氙气等惰性气体），然后再透过增压器将车载 12V 电源瞬间增至 23000V，在高电压下，氙气会被电离并在电源两极之间产生光源。

在高配车型上配置有氙气前照灯，开启近光灯时氙气前照灯点亮，但此时氙气前照灯内的遮光板会遮盖住前照灯光束的上面部分；开启远光灯时，除了独立的远光灯点亮外，氙气前照灯内的遮光板也会打开，从而实现远光功能。

氙气前照灯的工作电压高，所以在对氙气前照灯进行维修操作时，一定要小心谨慎，如有必要，最好断开前照灯插接器。

灯光开关是一个智能型开关模块，通过 LIN 总线与 BCM 相连。驾驶人操作灯光开关时，相应的指令信号会被 BCM 通过 LIN 总线接收，然后再由 BCM 控制相应的外部灯光电路起作用，从而实现外部灯光控制。同时，BCM 还会利用 MS CAN 总线向 IC 上传递灯光开启的指示信号。

（二）前照灯水平调节

前照灯有自动水平调节和手动水平调节两种形式。

　　对于装配有氙气前照灯的汽车来说，依据法规，都必须装配有自动前照灯水平调整装置。汽车行驶过程中，或多或少都会因为路况、汽车负荷或其他原因而造成前照灯灯光光束偏离路面，为了避免这种情况出现，汽车上引入了前照灯水平调节装置。自适应前照灯控制系统（AFS）模块通过监测位于左前和左后悬架上的水平传感器（电压信号输出）来计算车身前后的高度差，然后根据其内部的参数设置值自动调整前照灯照射光束，而这项操作实质上是由 AFS 模块控制一个连接在前照灯反光罩上的步进电动机来实现的。

　　当点火开关转至 ON 后，该系统将根据汽车的满载状态自动地进行调整，以避免对向来车受到强光直射。在动态过程中（如制动、加速、刚开始行驶时），其照射范围将不会进行调整。需要注意的是：在拆下前照灯调平传感器后，或是将其电气电路拆开时，需要对前照灯调平系统进行新的校正，并且必须以 IDS 进行初始设定。位于前、后轴上的汽车水平传感器会根据悬架的压缩量，将一电压信号传送至主控制模块。主控制模块将依据两组信号之间的差异，计算出汽车的倾斜度，并将所需位置传送至从动控制模块。两模块将会比较现行的反射镜位置与所需的反射镜位置，进而产生对前照灯调平电动机的控制信号。

　　当打开近光灯时，系统将会比较原先的调整与实际的状况，这可防止路面照明度的降低，并且可以避免对向来车受到强光直射。

　　许多传统前照灯也装有前照灯调平系统。每个前照灯单元都结合有一组水平电动机，并由水平开关控制。电动机利用其本身的调整轴杆，移动枢轴反射镜，直到其到达所需的设定位置。

　　前照灯调平控制开关有两个停止位置，当开关切在位置"0"时，相当于基本设定位置；当开关设定在位置"4"时，将使得前照灯朝上倾斜至最大角度。前照灯调平系统是利用电压控制的直流（DC）电动机进行操作，位于前照灯调平开关中的电位计用以调整出电压值（所需值）。依循相同原理，在电动机内部的执行器也将会依据调整轴杆的位置（实际值），产生另一电压值。系统中的电气装置将会对所需值（开关的设定值）与实际值（调整轴杆的设定值）进行比较，并依据其电压的差异，让反射镜朝上或朝下转动，直到两个电压值相同为止。在信号发生异常的状况下，系统将会自动调整至安全位置（近光灯）。水平调节原理如图 4-19 所示。前、后水平传感器如图 4-20 所示。

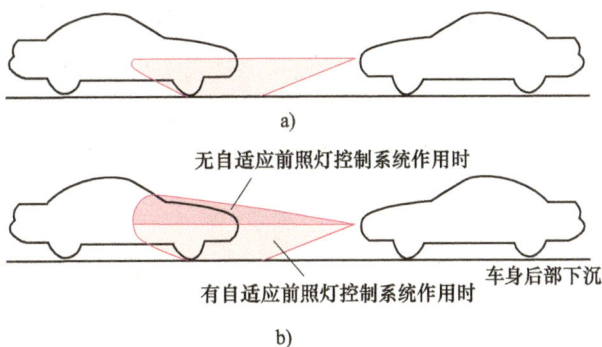

无自适应前照灯控制系统作用时

有自适应前照灯控制系统作用时

车身后部下沉

b)

图 4-19　水平调节原理

a）正常负载时的光照　b）后排负载较大时的光照

　　汽车制动或突然加速时，或因路面状况造成车身出现短暂的不稳定时，两个水平传感器也可以监测到，但此时 AFS 模块会忽略掉这部分不稳定状况，避免调整电动机频繁动作。AFS 模块如图 4-21 所示。

　　在更换了水平传感器、AFS 模块或氙气前照灯后，需要利用 IDS 的提示对自动前照灯水平调整装置进行初始化校准，实际上仍然是通过调整前照灯总成上的调整螺母来实现的，如图 4-22 所示。

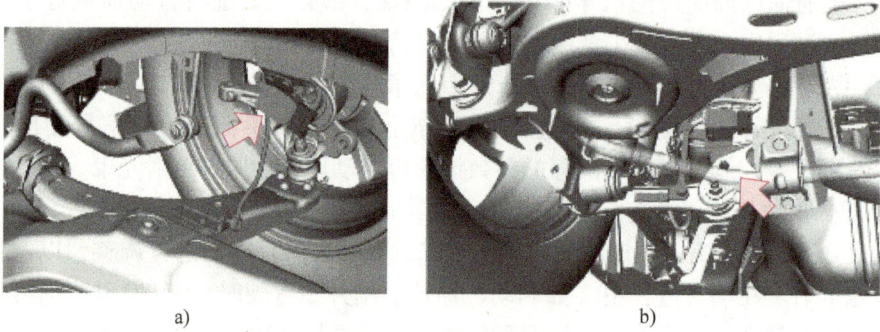

图 4-20　前、后水平传感器

a）前水平传感器　b）后水平传感器

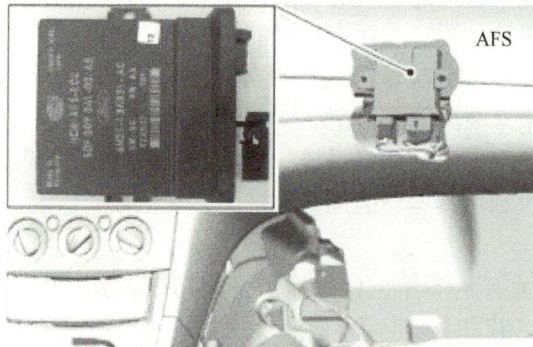

图 4-21　AFS 模块

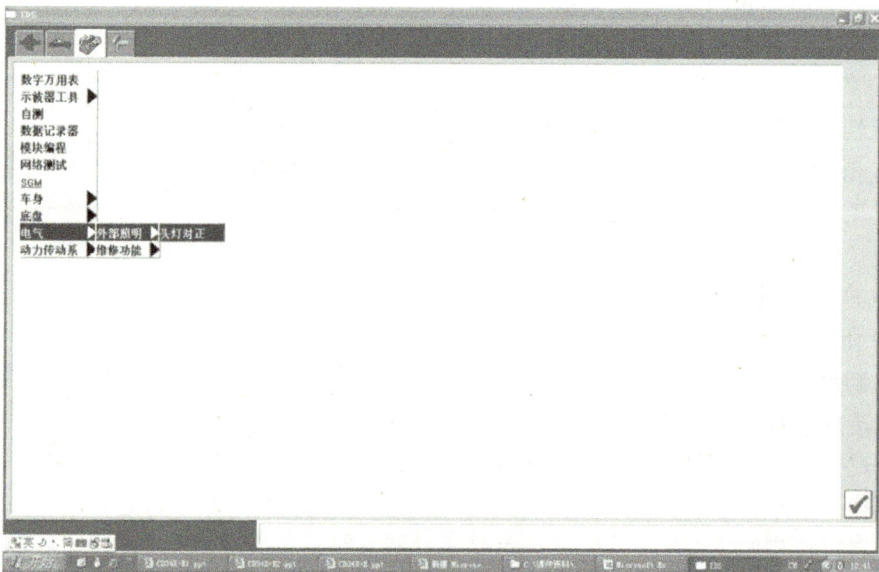

图 4-22　初始化校准

（三）智能弯道辅助照明灯

在前照灯的内侧有一个角灯，它的安装位置使其光束的照射方向一直朝向汽车的外侧。智能弯道辅助照明灯工作原理如图 4-23 所示，开启近光灯或远光灯后，当车速在 0～70km/h 同时转向盘转角超过 30°时，AFS 模块会控制这个角灯点亮，帮助照亮汽车转弯侧的路面，保证汽车转弯时的安全性。

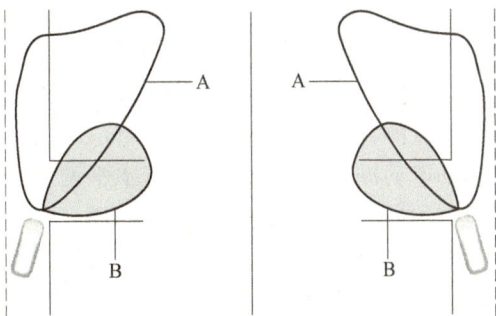

图 4-23 智能弯道辅助照明灯工作原理
A—近光灯光束 B—弯道辅助灯光束

（四）自动前照灯

1. 黄昏功能

如果将前照灯开关设定在"自动档"，雨量和光强传感器会自动检测外界光强度，传感器会将信号通过 LIN 网络传递给电能管理系统（GEM）。如果外界光强度较弱，则 GEM 自动控制点亮近光灯。

2. 下雨灯光功能

当前刮水器被激活时间超过 5s 时，下雨功能会点亮行车灯。当刮水器停止工作时间超过 25s 时，行车灯自动关闭。下雨灯光功能需要将前照灯开关设定在"自动档"。

（五）前照灯清洗系统

汽车在夜晚或光线较暗的行驶环境中，雨水和尘埃会将前照灯的照明度减少 90%，驾驶人的视线受到严重影响，对行驶安全来说，存在较大的隐患。保障前照灯的足够照明并给予驾驶人清晰的视线成为这种情况下亟待解决的重要课题。前照灯清洗装置则为解决这一问题提供了简单而有效的方法。现在许多国家的法律都有规定，要求在汽车上必须安装前照灯清洗系统。欧洲法规规定所有 HID 灯必备清洗装置。灯罩不干净的话，透镜的聚光容易发生问题。

在车灯开关开到"近光灯"时，按下前风窗玻璃清洗器开关，前照灯清洗系统将开始工作。该操作的电子控制由前照灯清洗系统继电器执行，该继电器本身由 GEM 控制。为防止清洗液过多消耗，每按四次前风窗玻璃清洗/刷拭开关，前照灯清洗系统才会运行一次，并且只能在距离清洗系统第一次运行不超过 10min 的时间内进行工作。如果在超过 10min 后再次按下前风窗玻璃清洗/刷拭开关，那么前照灯清洗系统将被激活并且计时器将重新开始计数。如果清洗液储液罐的液位太低，组合仪表上的清洗液液位警告灯亮起，则前照灯清洗泵在清洗液储液罐被重新加满之后才会开始工作。

注意：上一次操作后 30s 内无法再次启动；液位低时（仪表板上会有信息显示："低清洗液液位"）不能工作。

（六）"伴我回家"功能

关闭点火开关后，向内扳动变光开关，则会启动"伴我回家"功能，此时近光灯和驻车灯都会点亮。如果此时没有关闭车门，则近光灯和驻车灯会亮 180s；如果已经关闭车门或车门已经上锁，则近光灯和驻车灯会亮 30s。这样驾驶人在灯光黑暗的环境下（如停车库）离车而去时，就可以借助汽车的灯光来照亮路面，为驾驶人提供方便。再次打开点火开关或在"伴我回家"功能仍在起作用时再次扳动变光开关，则"伴我回家"功能会立刻解除。

（七）外部灯光的控制与诊断

一旦自适应前照灯启动电动机出现任何系统故障，组合仪表板上的驾驶人信息显示屏将显示"Advanced Front Light Failure（调校式前灯光故障）"信息。一旦前照灯水平调节电动机出现故障，两个前照灯将依靠自适应前灯作动电动机移至中间位置并保持。一旦自适应前灯作动电动机出现故障，前照灯水平调节电动机将把其相应的前照灯移至最低位置并保持。通过自适应前照灯作动电动机的作用，前照灯被完整地移到"0"位置。

外部灯光的控制电路电源均为12V直流电，如果蓄电池电压超过13.5V，某些特定（近光灯、驻车灯、制动灯、后雾灯）的灯泡会由PWM信号控制，这样可以延长灯泡使用寿命，保证其正常的工作电压。当电压下降到13.5V后，这些灯泡又会由12V直流电控制。

制动灯、近光灯、后雾灯的工作电流由GEM检测。如果GEM检测到其中一个灯泡损坏（无电流），则它会经由CAN向仪表板提供一个相应信息，从而在仪表板上显示相应灯光的故障。

在初次打开氙气前照灯时，AFS会对自动水平调整功能进行自检，如果自检失败，则AFS会记录一个故障码，同时仪表板上出现故障提示。智能弯道辅助照明灯出现故障时，仪表板上也会出现相应的故障提示。

二、内部灯光

内部灯光主要包含礼仪灯、阅读灯、化妆镜灯、杂物箱灯、行李舱灯、门板灯，因汽车不同，有些内部灯光相应的也会取消。BCM直接控制：礼仪灯、阅读灯、化妆镜灯、杂物箱灯、行李舱灯常开位置30min延时熄灭。BCM间接控制（门模块）：门板灯15min延时熄灭。礼仪灯门控位置：车门解锁、点火开关关闭后、打开车门或行李舱20s延时熄灭（如果车门一直打开则会亮10min）。礼仪灯及阅读灯开关如图4-24所示。化妆镜灯开关如图4-25所示。

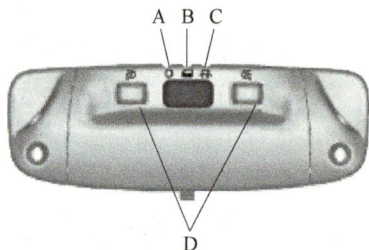

图4-24 礼仪灯及阅读灯开关
A—礼仪灯关闭　B—礼仪灯开启
C—礼仪灯车门感应开关　D—阅读灯

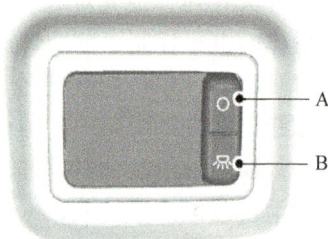

图4-25 化妆镜灯开关
A—关闭　B—开启

如果礼仪灯开关位于B位置，则在车门解锁、打开车门或行李舱、点火开关关闭后礼仪灯会亮起25s。如果车门一直打开，礼仪灯会在10min后自动关闭。当打开点火开关或起动汽车、锁门后，礼仪灯会逐渐熄灭。

如果礼仪灯开关位于C位置，则礼仪灯点亮。但经过30min后它会自动熄灭。

在所有的内部灯光中，礼仪灯、阅读灯、化妆镜灯、杂物箱灯、行李舱灯均由BCM控制，它们的控制电路几乎一样，BCM为这些灯光的点亮提供12V电源输入，关闭点火开关后，如果这些灯光依旧开启，为了节约蓄电池电量，BCM 会在 30min 后切断它们的电源输入。此外，当礼仪灯开关处于门感应位置时，其搭铁线也由 BCM 控制，车门打开后礼仪灯点亮，而 10min 后 BCM 切断礼仪灯的搭铁线，从而使礼仪灯熄灭。门板上面的灯光由各自的车门模块控制，车门关闭时灯光熄灭，车门打开时灯光可以点亮 15min。

任务五　认知仪表板

为使驾驶人及时获取汽车各系统工作状态的相关信息，在驾驶室转向盘的前方台板上都装有仪表板。桑塔纳 2000 型轿车仪表板布置如图 4-26 所示。常见的汽车仪表有电流表、电压表、机油压力表、冷却液温度表、燃油表、仪表稳压器、车速里程表、发动机转速表等。

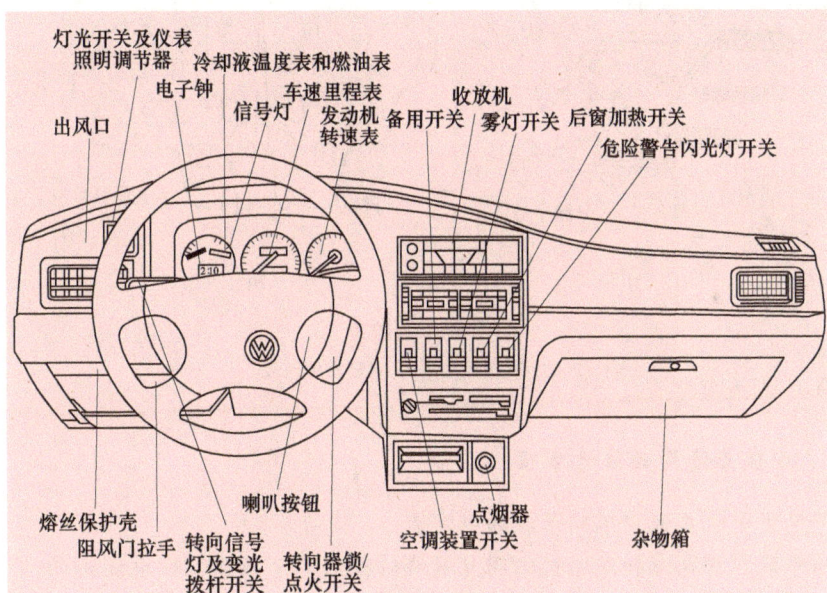

图 4-26　桑塔纳 2000 型轿车仪表板布置

1. 电流表

电流表用来指示蓄电池的充电电流值，同时还用来监视充电系是否正常工作。汽车常用电流表的结构可分为动铁式（也称电磁式）和动磁式两种。

1）动铁式电流表如图 4-27a 所示。其黄铜板条或铅合金架固定在绝缘底板上，两端与接线柱相连，下边前侧夹有永久磁铁，下边的后侧支撑有转轴，在转轴上装有带指针的软钢转子。

当无电流流过电流表时，软钢转子被永久磁铁磁化而相互吸引，指针保持在中间 0 的位置。

当蓄电池向外供电时，放电电流通过黄铜板条产生的磁场与永久磁场形成一个合成磁场，在合成磁场吸引下，软钢转子偏转一个与合成磁场方向一致的角度。于是转子就带动指针指向刻度板"−"的一侧，放电电流越大，合成磁场越强，电流表指针偏转角度也越大，指示放电电流数值也越大。

当发电机向蓄电池充电时，指针指向与蓄电池向外供电时相反。

2）动磁式电流表（以东风 EQ1092 型汽车装用动磁式电流表为例），如图 4-27b 所示。其黄铜板固定在绝缘底板上，两端与接线柱相连，中间夹有磁轭，与导电板固装在一起的转轴上装有指针与永久磁铁转子组件。

当无电流通过电流表时，永久磁铁转子通过磁轭构成磁路，使指针保持在中间的 0 位。当蓄电池向外供电时，放电电流通过导电板产生磁场，使永磁转子带动指针向"−"侧偏转。

放电电流越大，指针偏转角越大，指示放电电流的数值也越大。

当发电机向蓄电池充电时，指针指向与蓄电池向外供电时相反。

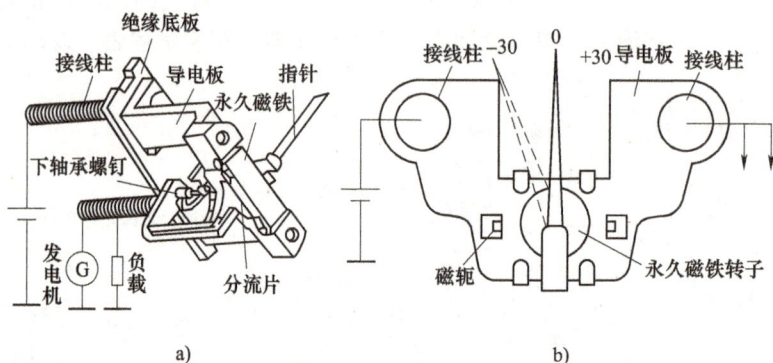

图 4-27　电流表
a）动铁式电流表　b）动磁式电流表

小贴士　电流表使用的注意事项

不同型号的发电机应配用不同量程的电流表。

电流表应串联在蓄电池和发电机之间且接线时极性不可接错，即电流表的"−"接线柱与蓄电池的正极相连，电流表的"+"接线柱与发电机的电枢接线柱（B）相连。

电流表只允许通过较小电流。用电设备的大电流（如起动机、电喇叭等）均不通过电流表。

2. 电压表

电压表用来指示发电机和蓄电池的端电压。电压表在结构上有电热式、电磁式两种，通常与负载并联连接，且受点火开关控制。

（1）电热式电压表　电热式电压表（图 4-28a）结构简单，在接通或切断电源时，指针摆动较迟缓，要待指针指示稳定后才可读数。

（2）电磁式电压表　北京切诺基汽车上装用的电磁式电压表的结构如图 4-28b 所示，它由交叉电磁线圈、永久磁铁、转子、指针及刻度盘等零件组成，电路中 2 个线圈与稳压管及附加电阻串联。稳压管的作用是当电源电压达到一定数值后，才将电压表电路接通。

在电压表未接入电路或电源电压低于稳压管击穿电压时，永久磁铁将转子磁化，保持电压表指针在初始的位置（9V）。

接通电路，当电源电压达到稳压管击穿电压后，两十字交叉线圈产生的磁场与永久磁铁产生的磁场相互作用，从而使转子带动指针偏向高电压方向。

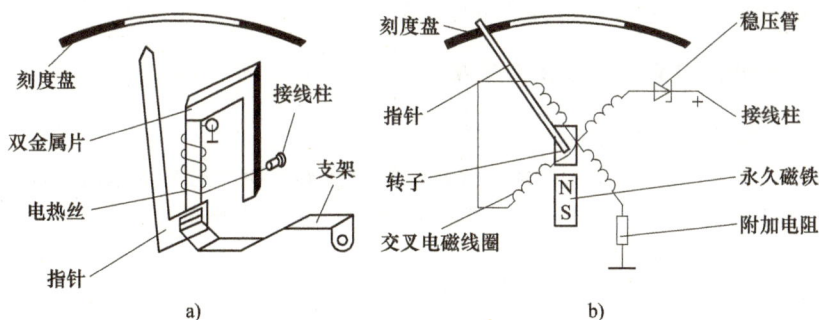

图 4-28　电压表结构

a）电热式　　b）电磁式

电源电压越高，其电磁场就越强，指针偏转角度也就越大。

3. 机油压力表

机油压力表的作用是在发动机运转时，指示发动机主油道（机油）压力。它由装在发动机主油道上（或粗滤器壳上）的油压传感器配合工作。常用机油压力表结构有电热式和电磁式两种，现代汽车上大多采用电热式机油压力表。

（1）电热式机油压力表的结构　电热式机油压力表的结构及电路如图 4-29 所示，油压传感器为网盒形，内部有感受机油压力的膜片，膜片下方的油腔与润滑系主油道相通。膜片上方顶着弓形弹簧片，弹簧片的一端焊有银合金触点，另一端固定并搭铁。双金属片上绕有电热线圈，线圈的一端焊在双金属片上，另一端接在接触片上，校正电阻与电热线圈并联。

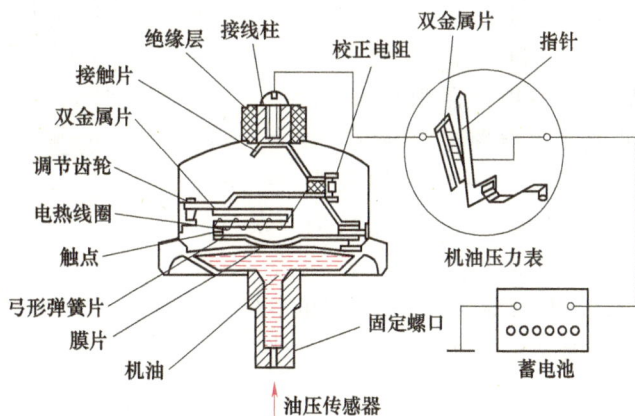

图 4-29　电热式机油压力表结构及电路

机油压力表内装有双金属片，其上绕有电热线圈，线圈一端经接线柱和传感器的触点串联，另一端接电源正极。双金属片的一端制成钩状，钩在指针上，另一端则固定在调整齿轮上。当机油压力表接入电路中工作时，电流由电源正极经机油压力表双金属片电热线圈到传感器接线柱、接触片校正电阻、电热线圈、触点、弹簧片、搭铁构成回路。

（2）电热式机油压力表的工作原理　未接通点火开关时，仪表电路不通，指示表靠双金属片保持在 0 位置。发动机转动时，如果机油压力较大，膜片向上拱曲，传感器内触点的压力较大，这时，电热线圈必须经过较长时间通电后，才能使双金属片弯曲变形将触点分开。触点分开后，只需较短时间的冷却，就又使触点重新闭合。

当油压较高时，传感器内触点断开时间短、闭合时间长，电流平均值较大，机油压力表内双金属片变形相应较大，从而指示较高的油压。

当油压较低时，传感器内触点断开时间长、闭合时间短，电路中电流的平均值较小，机油压力表内双金属片变形较小，指针指示较低油压。

小贴士 **机油压力表使用的注意事项**

1）机油压力表必须与传感器配套使用。

2）机油压力表安装时必须注意接线柱的绝缘应良好，拆卸时不要敲打或碰撞。

3）电热式油压传感器安装时，一定要使外壳上的箭头符号向上，与垂直中心线的夹角不得超过30°，否则会造成示值误差。

4. 冷却液温度表

冷却液温度表的作用是指示发动机冷却液的温度。其正常指示值一般为80～105℃。装在仪表板上的冷却液温度表和装在发动机水套上的冷却液温度传感器配合工作。冷却液温度表有电热式和电磁式两类。

现代汽车常用电热式冷却液温度表配合热敏电阻式冷却液温度传感器使用，如图4-30所示热敏电阻下端与壳体接触，通过壳体搭铁，上端通过弹簧与接线柱相通。

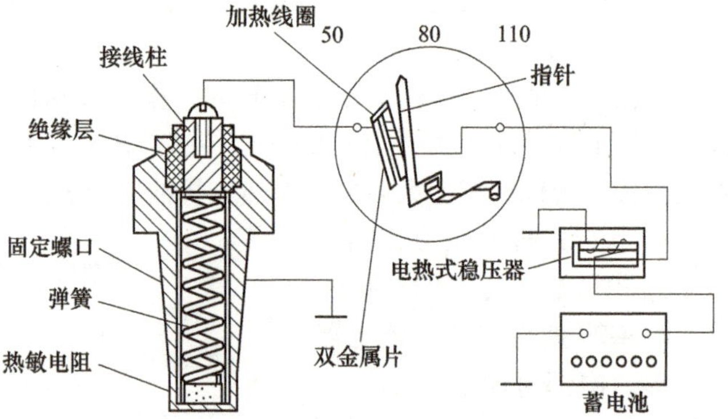

当发动机冷却液温度低时，传感器热敏电阻阻值较大，冷却液温度表电路电流较小，冷却液温度表加热线圈温度较低，双金属片受热弯曲变形量较小，拉动指针指示低温区。

图4-30 电热式冷却液温度表配合热敏电阻式冷却液温度传感器

当冷却液温度上升后，热敏电阻阻值减小，冷却液温度表电路电流增大，冷却液温度表加热线圈温度上升，双金属片受热弯曲变形量增大，指针指示高温区。

5. 燃油表

燃油表是用来指示油箱内储蓄油量的多少。装在仪表板上的燃油表和装在燃油箱内的传感器配合使用。燃油表有电磁式和电热式两种，现代汽车常用电热式燃油表配合可变电阻式传感器使用。

电热式燃油表的结构与电热式冷却液温度表相似，仅指示表的刻度不同。为了稳定电源电压，在电路中串接了一个稳压器，电热式燃油表结构如图4-31所示。

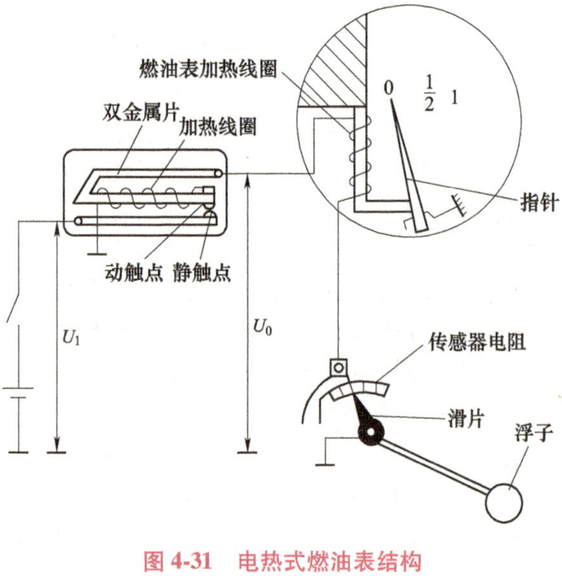

燃油表的工作原理：当油箱无油时，传感器中的浮子处于最低位置，此时接通点火开关，电流路径：蓄电池正

图4-31 电热式燃油表结构

极→点火开关→稳压器触点→稳压器双金属片→燃油表加热线圈→传感器电阻→滑片→搭铁
→蓄电池负极。由于传感器电阻全部串入电路中，流过燃油表加热线圈的电流很小，所以双
金属片几乎不变形，指针指在 0 处，表示油箱无油。

当油箱的油量增加时，传感器的浮子上浮，滑片移动，使部分电阻被接入电路，于是流
入加热线圈中的电流增大，双金属片受热弯曲而带动指针向 1 移动，指出油量的多少。

💡 **小贴士** 燃油表的接线及使用注意事项

1）燃油表的两个接线柱是上下排列的，一般情况下应将上接线柱与电源线相连，下接
线柱与传感器相连。否则，无论油箱是装满油还是无油，燃油表的指针总是指示在 0 处。另
外，个别产品应按制造厂说明书接线。

2）在安装传感器时，与油箱搭铁必须良好，如果搭铁不好，无论油箱是装满油还是无
油，燃油表的指针总是指示在 1 处。

3）传感器的电阻末端必须搭铁，这样可以避免因滑片与电阻接触不良时产生火花而引
起火灾。

6. 仪表稳压器

电热式冷却液温度表及燃油表配用可变电阻式传感器时，应在电路中串入仪表稳压器，
其作用是当电源电压变化时稳定仪表平均电压，避免仪表的指示误差。仪表稳压器常见有电
热式和电子式两类。

（1）电热式仪表稳压器　电热式仪表稳压器的结构如图 4-32a 所示，它由双金属片、一
对常闭触点（活动触点、固定触点）、电热线圈等组成。

电热线圈绕在双金属片上，一端搭铁，另一端焊在双金属片上。双金属片的一端用铆钉
固定，并与仪表接线柱连接，另一端铆有动触点。静触点铆在调节片上，调节片的一端也用
铆钉固定并与电源接线柱相连。两触点之间压力可通过调整螺钉调整。

电热式仪表稳压器的工作原理如图 4-32b 所示，其工作原理如下：

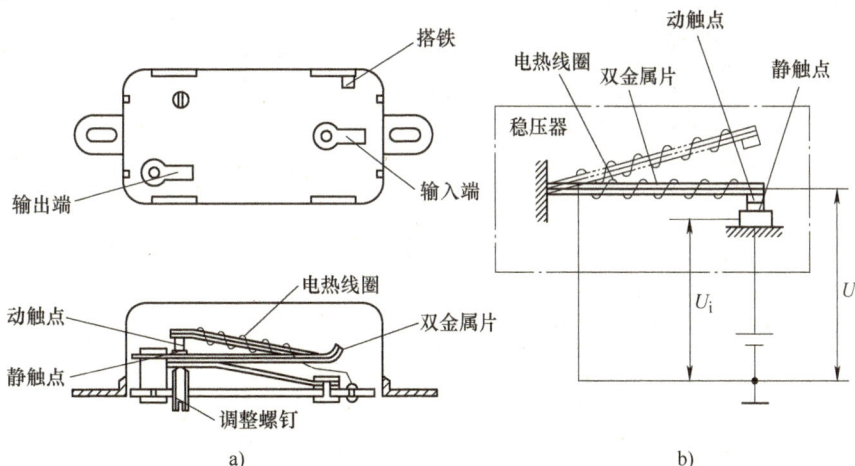

图 4-32　电热式仪表稳压器
a）结构　b）工作原理

当电源电压偏高时，电热线圈中的电流增大，产生热量大，使触点在较短时间里断开，断开的触点又需较长时间冷却才能重新闭合，于是触点闭合时间短、断开时间长，从而将偏高的电源电压降低为某一输出电压平均值。

当电源电压偏低时，电热线圈中的电流减小，产生热量少，使触点断开时间短而闭合时间长，从而将偏低的电源电压调整到同一输出电压平均值。

（2）电子式仪表稳压器　电子式仪表稳压器采用三端集成稳压器，可简化仪表结构、降低仪表成本、提高稳压精度、延长仪表寿命。

桑塔纳轿车和奥迪轿车采用专用的三端式电子仪表稳压器（图4-33）。该稳压器输出电压为9.5～10.5V。

7. 车速里程表

车速里程表用来指示汽车行驶速度和累计汽车行驶里程数，它由车速表和里程表两部分组成。按其工作原理可分为磁感应式和电子式两种。

（1）磁感应式车速里程表　磁感应式车速里程表的结构如图4-34a所示。它没有电路连接，由汽车的变速器或分动器软轴驱动仪表的主动轴。磁感应式车速里程表的工作原理如图4-34b所示。

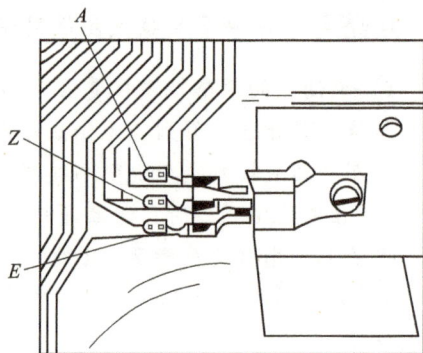

图4-33　三端式电子式仪表稳压器
A—输出脚　Z—搭铁　E—电源输入端

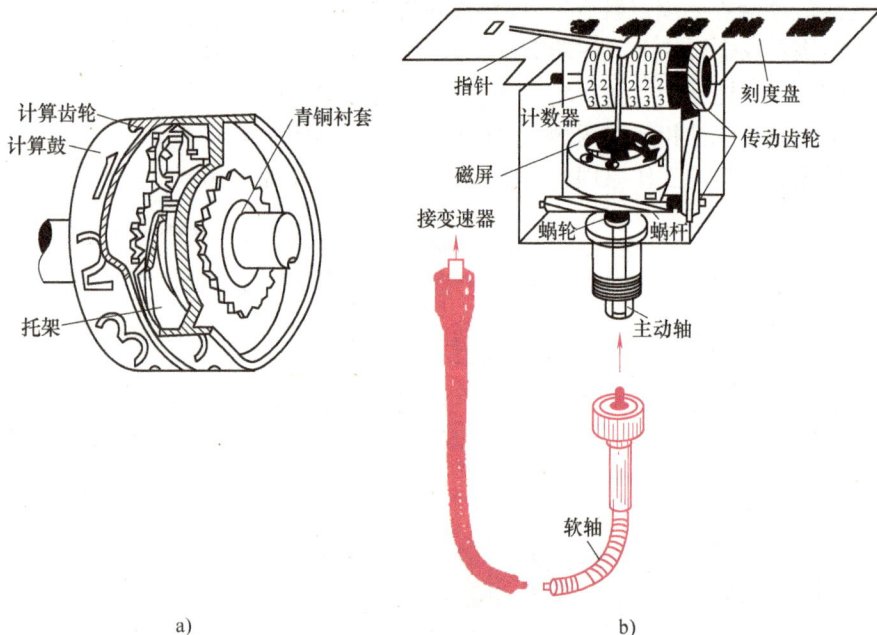

a)

b)

图4-34　磁感应式车速里程表
a）结构　b）工作原理

当汽车行驶时，主动轴带动U形永久磁铁旋转，在感应罩上产生涡流磁场和转矩，驱使感应罩克服盘形弹簧弹力同向旋转，从而带动指针在刻度盘上指示相应的车速值。

车速越快，永久磁铁旋转越快，感应罩上的涡流转矩越大，感应罩带着指针偏转的角度越大，指示的车速值也越大。车速越慢，则指示车速值越小。

里程表主动轴与三套蜗轮蜗杆按一定传动比传动，从而逐级带动数字轮转动，计数器为十进制。右边数字轮每旋转1周，相邻的左边数字轮指示数便自动增加1，从右往左其单位依次为0.1km、1km、10km，以此类推，就能累计出汽车所行驶过的里程。

汽车停驶时，永久磁铁以及蜗轮、蜗杆均停止转动，感应罩上的涡流转矩消失，在盘形弹簧作用下使转速表指针回到0位置，同时里程表也停止计数。当汽车继续行驶时，里程表又继续计数。

（2）电子式车速里程表　电子式车速里程表是从装于变速器后的传感器中取得脉冲信号，通过导线输送给指示器，因此克服了原机械式车速里程表用软轴传输转矩的缺点，并具有精度高、指针平稳和寿命长等特点。

其车速表由永久磁铁、矩形塑料框内线圈、针轴、游丝组成；其里程表由电子模块、步进电动机、机械计算器组成。

8. 发动机转速表

发动机转速表用来测量发动机曲轴转速。发动机转速表按其结构不同可分为机械式和电子式，其中应用较广泛的是电子式发动机转速表。

电子式发动机转速表按转速信号的获取方式不同可分为从点火系统获取信号的发动机转速表；测取飞轮（或正时齿轮）转速的发动机转速表；从发电机上获取转速信号的发动机转速表。脉冲式电子发动机转速表的电路如图4-35所示，其信号取自点火系统初级电路。

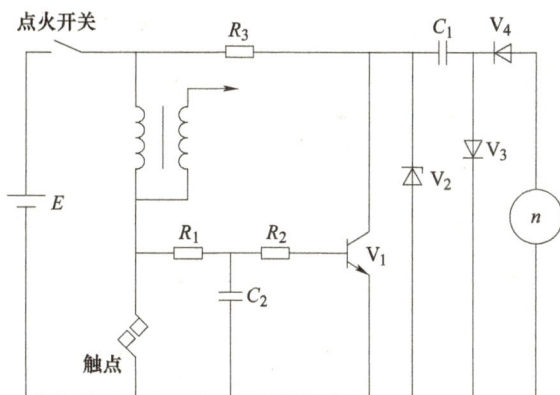

图4-35　脉冲式电子发动机转速表的电路

💡 **小贴士　汽车仪表电子化的优点**

为了满足汽车新技术、高速度的要求，现代汽车广泛采用了电子显示装置。其优点概括如下：

1）电子显示装置能提供大量、复杂的信息。为适应汽车排气净化、节能、安全性和舒适性的要求，汽车电子控制装置必须能迅速、准确地处理各种复杂的信息，并能以数字、文字或图形显示出来，供驾驶人了解，并及时处理。

2）能满足小型、轻量化的要求。为了能使有限的驾驶室空间尽可能地宽敞些，用于汽车的各种仪表及部件都必须小型、轻量化。电子显示装置不仅能适应各种传感器或控制系统的电子化，而且可实现小型轻薄化，这样既能加大汽车仪表板附近的宝贵空间，还能处理日益增多的信息。

3）显示图形设计的自由度高。仪表板造型美观对一辆汽车来说非常重要，推出最流行的仪表板新款式、选用造型设计自由度特别高的电子显示器件则是实现汽车现代化的需要。

4）具有高精度和高可靠性。由于实现汽车仪表电子化，可为使用者提供高精度的数据信息，也可免除机械式仪表中的那些可动部分，从而改善并提高仪表的可靠性。

5）具有一表多用的功能。采用电子显示器显示易于用一组显示器进行显示，并可同时显示几个信息，不必对每个信息都设置一个指示表，故使组合仪表得以简化。

任务六　认知辅助电气系统

一、电动刮水器的电路分析

1. 双速刮水电动机的控制电路

双速刮水电动机的控制电路如图 4-36 所示。它通过控制开关，可实现刮水器的低速运转、高速运转及停机复位等功能。

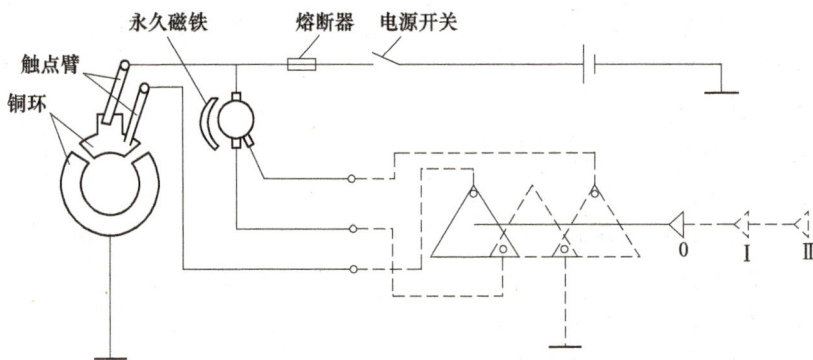

图 4-36　双速刮水电动机的控制电路

2. 间歇式电动刮水器电路分析

刮水器的间歇功能主要靠间歇控制器来实现，间歇式电动刮水器一般由间歇控制器、刮水器开关、洗涤电动机、刮水电动机等组成，间歇式电动刮水器的工作原理如图 4-37 所示。

二、电子除霜加热器

电子除霜加热器的典型结构如图 4-38 所示，它主要由电热线、传感器、继电器、控制电路、除霜开关以及指示灯等组成。

1. 电热线

当在电热线两端加上 12V 电压时，即会产生 25~30℃ 的温度，该温度将玻璃加热以消除霜层。

2. 传感器

传感器是一种热敏电阻，一般安装在后窗玻璃下方，用以检测有无积霜。如果有积霜，则传感器电阻减小，控制电路就使继电器线圈通电，吸合触点 P，使电热线通电。当除霜结束时，玻璃上的温度上升，传感器阻值变大，控制电路将继电器断电，使除霜自动停止。

3. 控制电路

控制电路一般主要由分立元件电路或单片集成电路构成。其输入信号有两个：一个是手

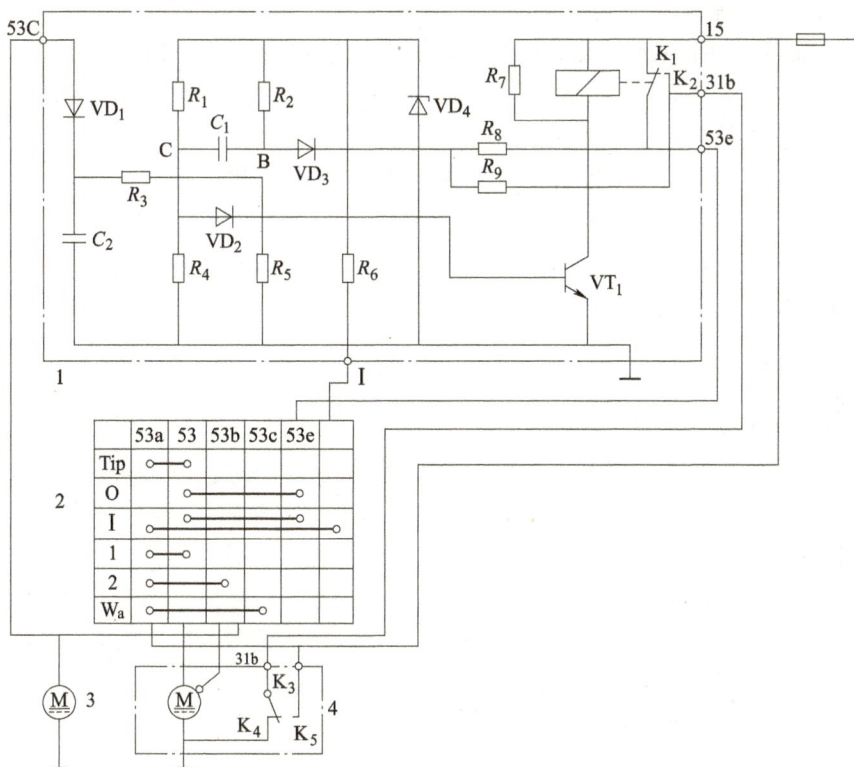

图 4-37　间歇式电动刮水器的工作原理

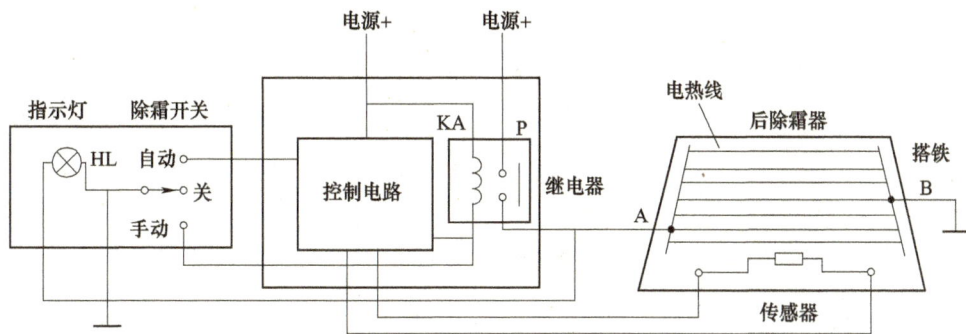

图 4-38　电子除霜加热器的典型结构

动/自动除霜开关信号，另一个是传感器信号。

传感器信号主要是控制其内的一个电子开关，使电子开关在传感器电阻值减小（也即结霜）时导通，使继电器 KA 线圈内的电流通路形成，吸合触点 P 接通电路，于是给电热线通电加热。

4. 指示灯

指示灯实际上是并联在电热线的两端，受继电器 KA 的控制。当电热线加温时，该指示灯也同时点亮，以示除霜电路处于除霜工作状态。当除霜停止时，该指示灯熄灭。

5. 除霜电路工作原理

（1）手动除霜　当采用手动除霜时，除霜开关接通到"手动"档，继电器 KA 线圈内有电流通过，其触点 P 吸合接通电路，从而形成以下电流回路：蓄电池正极→继电器 KA 的P 触点（闭合）→电热线 A、B 端→搭铁→蓄电池负极。

（2）自动除霜　当采用自动除霜时，控制电路的工作状态受传感器输入信号的控制。当结霜导致传感器电阻变小时，电热线工作，即开始加热。当温度上升到除完霜后，即传感器的电阻值增大到一定值时，电热线电流回路断开。如此循环，就实现了自动除霜的目的。

三、电动车窗

1. 电动车窗玻璃升降系统的基本电路

电动车窗玻璃升降系统一般由电动机、主控开关、分控开关（门窗开关）和门窗升降器组成。其中电动机广泛采用永磁式直流电动机（也有采用双磁场式电动机的），能正反转的电动机结构原理简图如图 4-39 所示。

电动机内有两组绕向不同的磁场线圈，分别和开关的升、降接点相连，两个磁场线圈分别工作，使电动机能输出正、反两个方向的转动力矩，从而控制车窗玻璃的升或降。

电动车窗玻璃升降系统的基本电路如图 4-40 所示，在电动机上还装有一个断路开关，控制电动机的搭铁线，当车窗玻璃上升或下降到终点时，断路开关把电路切断 40s 左右，然后再恢复到接通状态。

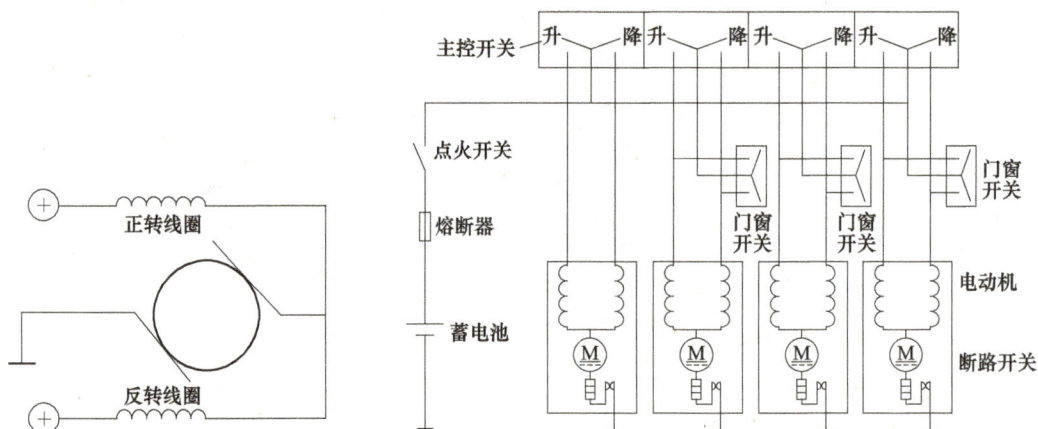

图 4-39　能正反转的电动机
结构原理简图

图 4-40　电动车窗玻璃升降系统的基本电路

2. 常见的电动车窗玻璃升降器电子控制电路

一种具有 4 个车门的玻璃升降器电子控制电路如图 4-41 所示，除具有驾驶席主开关外，它还由各个车门开关以及前驱动器（包括开关、电动机）等组成。

四、电动后视镜

后视镜角度的调整一般比较麻烦，采用电动后视镜，驾驶人坐在座椅上通过电动机就可

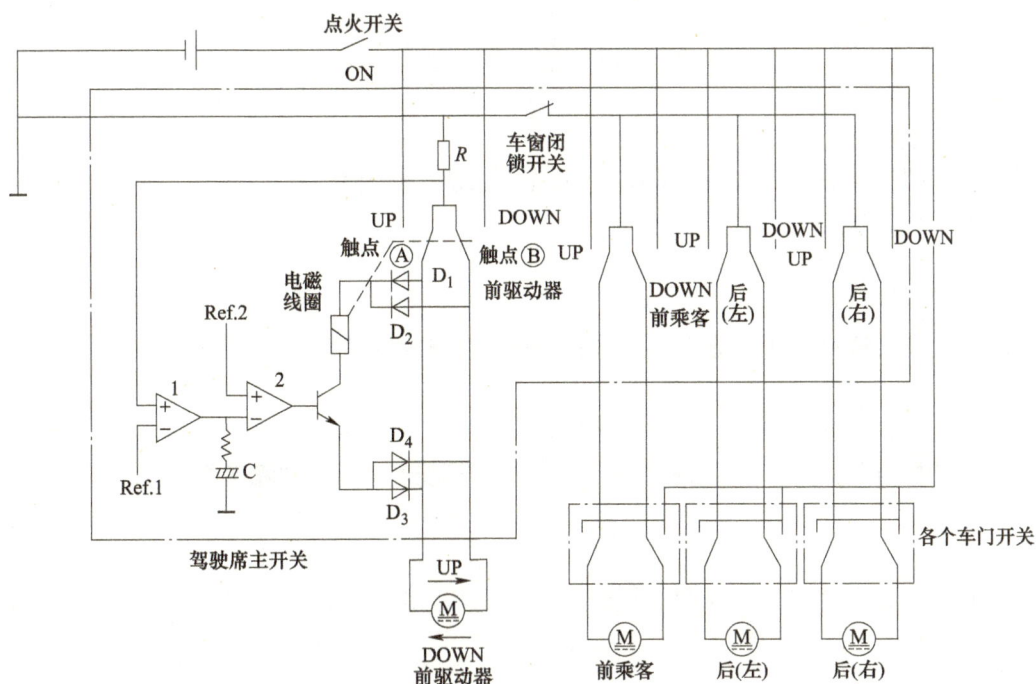

图 4-41 一种具有 4 个车门的玻璃升降器电子控制电路

以方便快捷地对后视镜的后视角度进行任意调节。

电动后视镜主要由调整开关、电动机、传动和执行机构等组成。丰田皇冠汽车后视镜控制电路示意图如图 4-42 所示，其控制原理如下：

1）后视镜向上摆动。以右侧后视镜为例，其向上摆动时的原理如下：将滑动开关从中央位置拨至右边，按下控制按钮的上端，此时形成的电流通路为蓄电池正极→点火开关 SA→熔断器 FU→按钮开关接线端子 B→接线端子 V2→电动机 M₃→接线端子 C→搭铁端子 E→蓄电池负极。这一电路使电动机 M₃ 中有电流流过，电动机产生的转矩带动右侧后视镜向上摆动。

2）后视镜向下摆动。将滑动开关

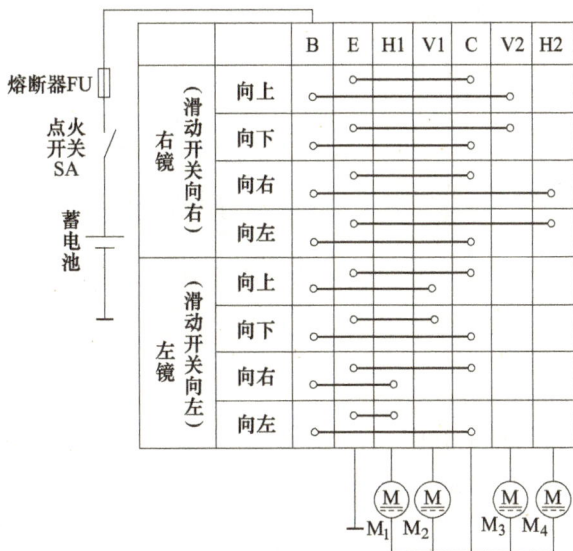

图 4-42 丰田皇冠汽车后视镜控制电路示意图

从中央位置拨至右边，按下控制按钮的下端。此时形成的电流通路为蓄电池正极→点火开关 SA→熔断器 FU→按钮开关接线端子 B→接线端子 C→电动机 M₃ 的下端接线柱→接线端子 V2→搭铁端子 E→蓄电池负极。这一电路使电动机 M₃ 中有与 1）中电流流向相反的电流流过，M₃ 的转矩带动右侧后视镜改变转向方向，向下摆动。

—— 课后练习 ——

一、思考题

（注：以下思考题以奇瑞 A3 汽车起动和充电系统电路图为例）

1. 起动机控制方式有哪几种？

2. 点火开关转到 ST 档，起动机不运转，分析可能的故障原因。

3. 发动机与车身大梁之间搭铁线断开，起动时可能产生哪些故障现象？

4. 点火开关转到 ST 档时，仪表板灯全部熄灭，故障原因是什么？

5. 点火开关转到 ST 档，放开后，起动机仍然运转，可能故障原因是什么？

二、拓展课题

1. 说出蓄电池铭牌含义。

2. 用户反映起动机更换五次，每次维修可以维持两到三天，故障仍然未排除。想一想故障点在哪里？

3. 起动机损坏有哪些故障症状？

项目 五 新能源汽车高压电器认知

项目说明

新能源汽车与传统汽车在原理上有较大的区别，新能源汽车由高压系统和低压系统组成，而传统汽车只有低压系统。新能源汽车的高压系统包括动力蓄电池包、蓄电池管理系统（BMS）、高压配电箱、充电系统和其他高压元件。因此，高压系统里 500V 以上的电压和 100A 以上的电流都是对汽车高压部件运行、维护及维修安全的一种考验。因此，高压电器是新能源汽车电器的一个重要组成部分。

项目目标

1. 了解动力蓄电池包高压互锁及高压配电箱的结构与原理。
2. 掌握蓄电池管理系统原理和控制策略。
3. 掌握充电技术运用与管理。
4. 能判断修复简单高压电器常见故障。
5. 掌握动力蓄电池包拆卸流程。

任务一 认知动力蓄电池包

一、动力蓄电池包总成的安装位置

动力蓄电池包安装在后排座椅与行李舱之间。动力蓄电池包的位置如图 5-1 所示。

二、动力蓄电池包的功用

动力蓄电池包的功用是充电储能、放电。

三、动力蓄电池包的组成及参数

1. 组成

动力蓄电池包外观如图 5-2 所示，动力

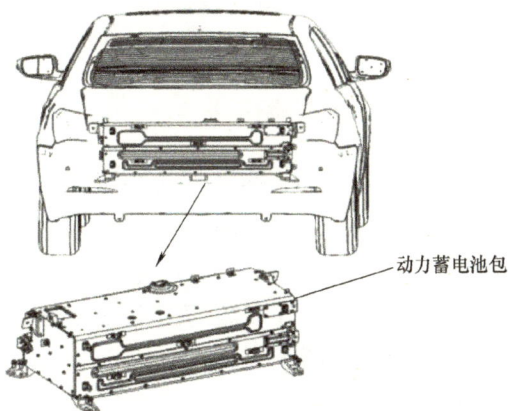

动力蓄电池包

图 5-1 动力蓄电池包的位置

蓄电池包的组成包括：动力蓄电池模组（分10个模组，共152个单体蓄电池）；动力蓄电池串联线；动力蓄电池采样线；蓄电池信息采集器；接触器、熔断器；蓄电池包护板；安装支架。

2. 参数

动力蓄电池包外壳如图5-3所示，动力蓄电池包参数包括：每个单体蓄电池的电压约为3.3V；蓄电池包标称电压约为501.6V；标称容量为26A·h；一次充电能量为13kWh。

图5-2　动力蓄电池包外观

图5-3　动力蓄电池包外壳

四、动力蓄电池包模组装配顺序

动力蓄电池包模组如图5-4所示。

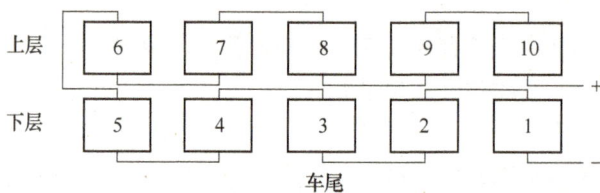

图5-4　动力蓄电池包模组

五、动力蓄电池包线束

动力蓄电池包高压线束如图5-5所示。

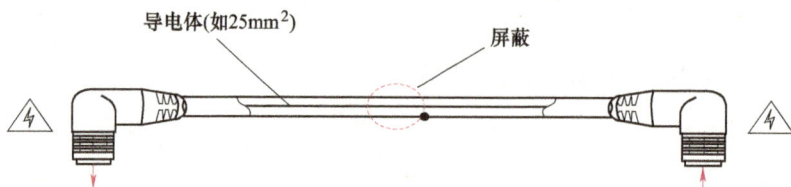

导电体（如25mm²）　　　屏蔽

图5-5　动力蓄电池包高压线束

动力蓄电池包采样线束如图 5-6 所示。

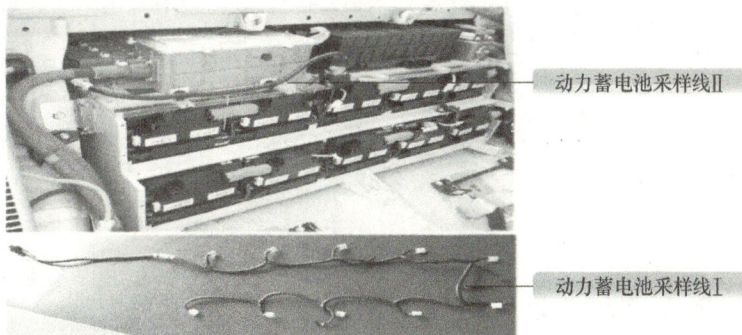

动力蓄电池采样线Ⅱ

动力蓄电池采样线Ⅰ

图 5-6　动力蓄电池包采样线束

六、动力蓄电池包内部接触器控制

动力蓄电池包内部接触器控制电路图如图 5-7 所示。

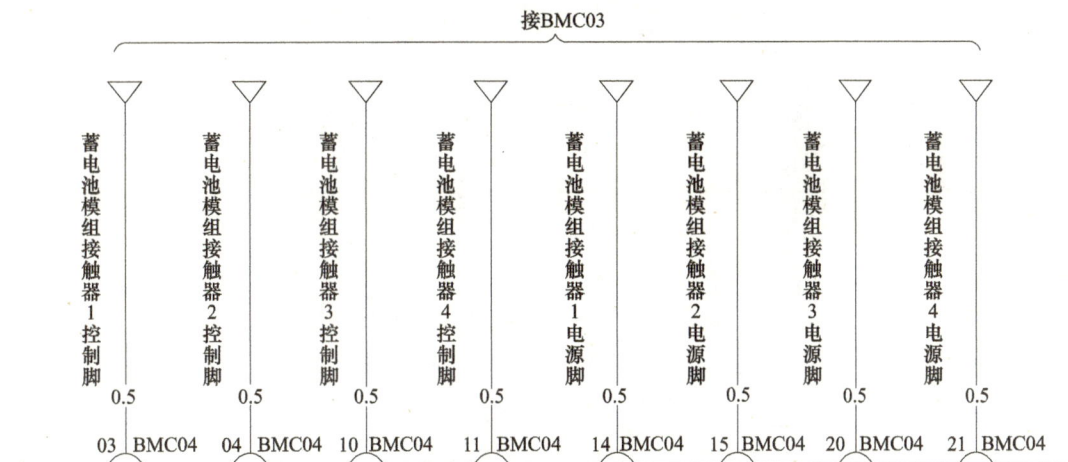

接BMC03

| 蓄电池模组接触器1控制脚 | 蓄电池模组接触器2控制脚 | 蓄电池模组接触器3控制脚 | 蓄电池模组接触器4控制脚 | 蓄电池模组接触器1电源脚 | 蓄电池模组接触器2电源脚 | 蓄电池模组接触器3电源脚 | 蓄电池模组接触器4电源脚 |

0.5　0.5　0.5　0.5　0.5　0.5　0.5　0.5

03 BMC04　04 BMC04　10 BMC04　11 BMC04　14 BMC04　15 BMC04　20 BMC04　21 BMC04

图 5-7　动力蓄电池包内部接触器控制电路图

七、动力蓄电池包拆卸和拆解

北汽新能源汽车 EV150 和 EV160 采用的是磷酸铁锂蓄电池，这种蓄电池寿命长，循环寿命大于 2000 次，安全性能高，但能量密度相对较低；EV200 则采用的是韩国 SK 公司三元锂离子蓄电池，这种蓄电池能量密度相对较高，但循环寿命只有 1000 次。

拆卸和拆解 EV200 蓄电池包的过程中，首先做好断电工作，举升汽车至工作高度。先拔除蓄电池总成的低压控制端子后，再拔除高压线束端子，之后就可以进行拆卸工作。使用蓄电池托架并在蓄电池重心处上升至蓄电池底板高度，拧下固定螺栓即可卸下蓄电池。从车上卸下蓄电池后拧下蓄电池包螺栓即可观察到内部。动力蓄电池拆卸如图 5-8 所示。

北汽 EV160 动力蓄电池包内部结构如图 5-9 所示。

蓄电池总成内部的构造属于行业机密，每个厂家的动力蓄电池系统都不太一样。EV200

图 5-8　动力蓄电池拆卸

图 5-9　北汽 EV160 动力蓄电池包内部结构

所使用的单体蓄电池为 SK 公司的三元锂单体蓄电池，蓄电池包布局结构为 3P91S（3 个并联，91 个串联），共 3×91＝273 个单体蓄电池。蓄电池管理系统（BMS）监控每个单体蓄电池并反馈给整车控制单元（VCU），以确保每个单体蓄电池工作在最佳状况。

八、新能源汽车动力蓄电池包的正确维护方法

1）正确掌握充电时间。电量表指示灯的红灯和黄灯亮起时，说明该充电了；只有红灯

亮时，应立即停止运行，尽快充电，否则会导致蓄电池过度放电严重缩短其寿命。如果充满电后运行时间较短就再次充电，充电时间不宜过长，否则会形成过度充电、蓄电池发热，也会缩短蓄电池寿命。一般情况下蓄电池平均充电时间在8～10h，充电过程中蓄电池温度如果超过65℃，应立即停止充电。

2）保护好车载充电机。充电时保持车载充电机的通风，否则不但影响车载充电机的寿命，还可能发生热漂移而影响充电状态。

3）最好每天充电。坚持每天充电能提高蓄电池的活性，而经常等到没电了再去充电则会降低蓄电池的寿命。

4）当汽车闲置不用时应确保蓄电池的电量，并定期对蓄电池进行充电。

5）减少大电流放电，电动汽车在起步、载人、上坡时，应尽量避免猛踩加速踏板，形成瞬间大电流放电。大电流放电容易导致产生硫酸铅结晶，从而损害蓄电池极板的物理性能，从而降低蓄电池的寿命。

6）对蓄电池定期进行一次深放电也有利于"活化"蓄电池，此举可以略微提升蓄电池的容量。

任务二 认知蓄电池管理系统

一、分布式蓄电池管理系统介绍

1. 分布式蓄电池管理系统组成

分布式蓄电池管理系统（Distributed Battery Management System，DBMS）由10个蓄电池信息采集器（Battery Information Collector，BIC）和1个蓄电池管理控制器（Battery Management Controller，BMC）组成。

2. 分布式蓄电池管理系统安装位置

10个BIC分别位于10个动力蓄电池模组的前端，BMC位于行李舱车身右C柱内板后段。蓄电池管理器在汽车上安装位置如图5-10所示。蓄电池信息采集器如图5-11所示。

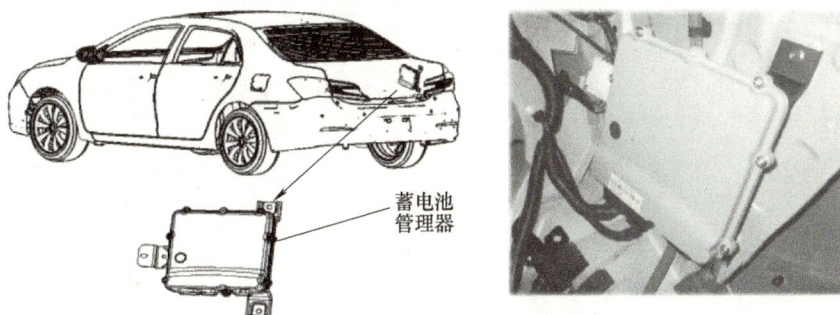

图5-10 蓄电池管理器在汽车上安装位置

3. 分布式蓄电池管理系统的功用

BIC的主要功能是电压采样、温度采样、蓄电池均衡、采样线异常检测等。蓄电池信息采集器外观如图5-12所示。

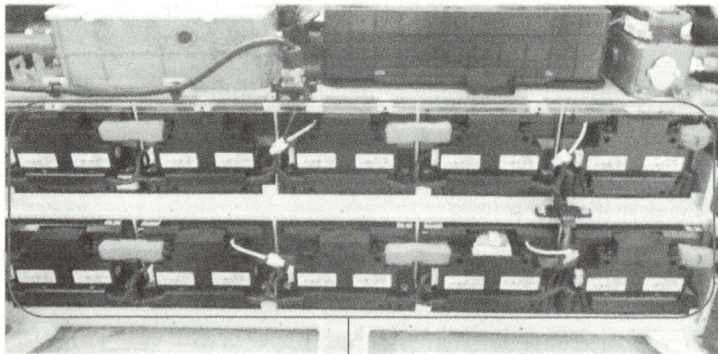

10个BIC

图 5-11　蓄电池信息采集器

图 5-12　蓄电池信息采集器外观

BMC 的主要功能是总电压监测、总电流监测、SOC 计算、充放电管理、接触器控制、功率控制、蓄电池异常状态报警和保护、漏电报警、碰撞保护、自检以及通信等。蓄电池信息管理器外形结构如图 5-13 所示。

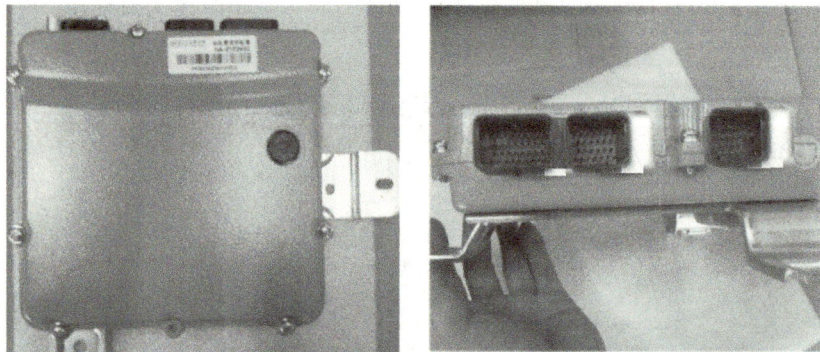

图 5-13　蓄电池信息管理器外形结构

二、K64/K65 插件引脚顺序

蓄电池信息采集器 K64/K65 插件引脚如图 5-14 所示。

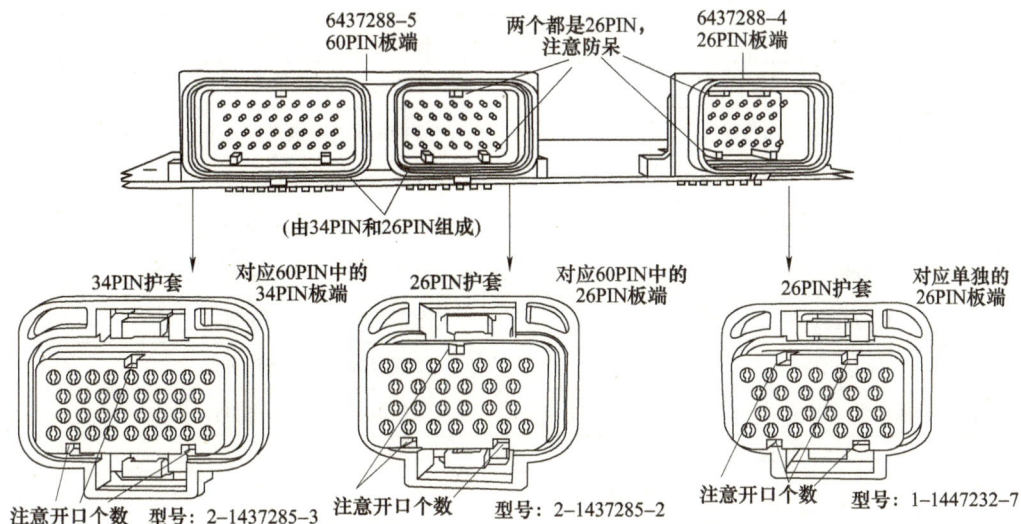

图 5-14　蓄电池信息采集器 K64/K65 插件引脚

蓄电池信息采集器 K64（34PIN+26PIN）插件引脚如图 5-15 所示。

图 5-15　蓄电池信息采集器 K64（34PIN+26PIN）插件引脚

蓄电池信息采集器 K65（26PIN）插件引脚如图 5-16 所示。

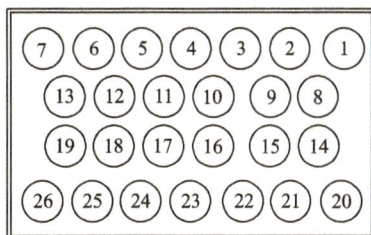

图 5-16　蓄电池信息采集器 K65（26PIN）插件引脚

三、蓄电池管理器蓄电池异常状态报警和保护

蓄电池管理器故障码见表 5-1。

表 5-1　蓄电池管理器故障码

故障状态	蓄电池管理器系统故障诊断状况
模块温度>65℃	1级故障：一般高温警告
模块（单体）电压>3.85V	1级故障：一般高压警告
模块（单体）电压<2.6V	1级故障：一般低压警告
绝缘电阻<设定值	1级故障：一般漏电警告
模块温度>70℃	2级故障：严重高温警告
模块（单体）电压>4.1V	2级故障：严重高压警告
模块（单体）电压<2.0V	2级故障：严重低压警告
绝缘电阻<设定值	2级故障：严重漏电警告

四、蓄电池管理器原理及电路

蓄电池管理器原理图如图 5-17 所示。

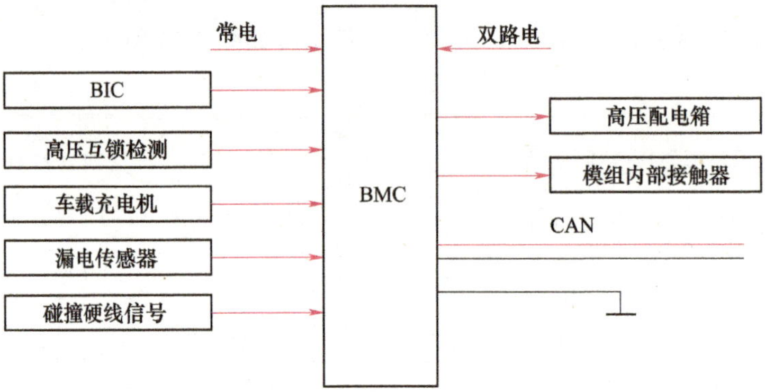

图 5-17　动力蓄电池管理器原理图

蓄电池管理器电路如图 5-18 所示。

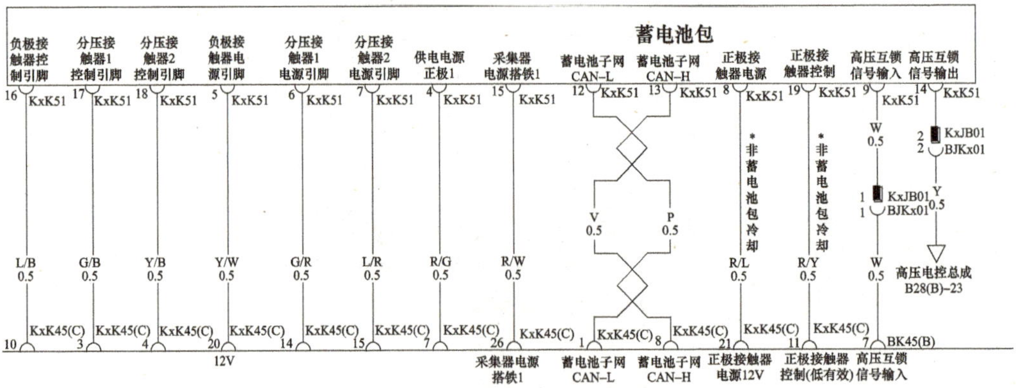

图 5-18　蓄电池管理器电路

任务三　认知高压配电箱

一、高压配电箱介绍

（1）高压配电箱安装位置　高压配电箱安装位置位于行李舱蓄电池包支架右上方。高压配电箱安装位置如图 5-19 所示。

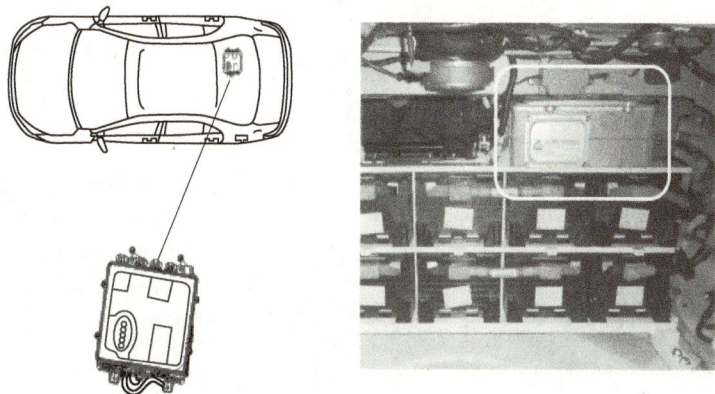

图 5-19　高压配电箱安装位置

（2）高压配电箱功用　高压配电箱将蓄电池包的高压直流电分配给整车高压电器使用，其上游是蓄电池包，下游包括驱动电机控制器及 DC 总成、PTC 加热器、电动压缩机、漏电传感器；它也将车载充电机的高压直流电分配给蓄电池包。

高压配电箱系统框图如图 5-20 所示。

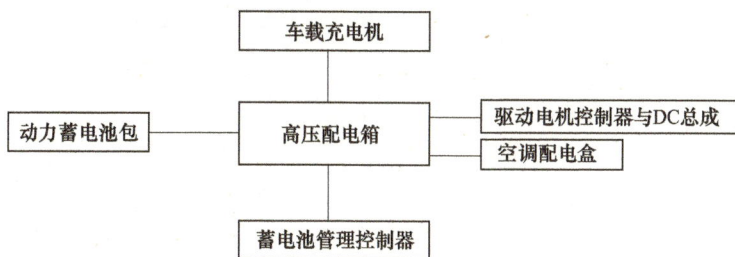

图 5-20　高压配电箱系统框图

二、高压配电箱结构

高压配电箱外部有高压端子、低压线束、漏电传感器检测线、空调熔断器、车载充电熔断器。高压配电箱外部高压端子如图 5-21 所示。高压配电箱结构如图 5-22 所示。

高压配电箱内部有接触器、熔断器、霍尔电流传感器。高压配电箱内部结构如图 5-23 所示。

高压配电箱低压控制 22PIN 接插件引脚定义如图 5-24 所示。

输出至空调配电盒

车载充电机输入
动力蓄电池包输入正
动力蓄电池包输入负
驱动电机控制器与DC负
驱动电机控制器与DC正

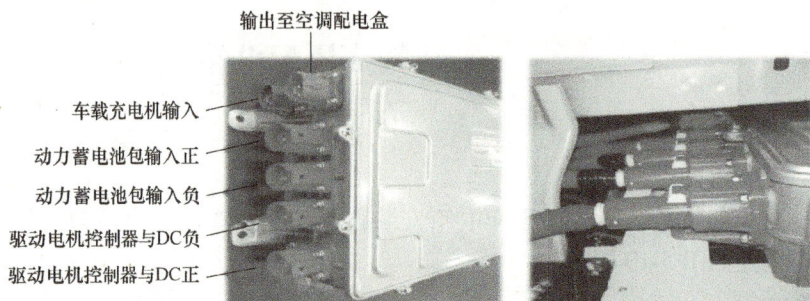

图 5-21　高压配电箱外部高压端子

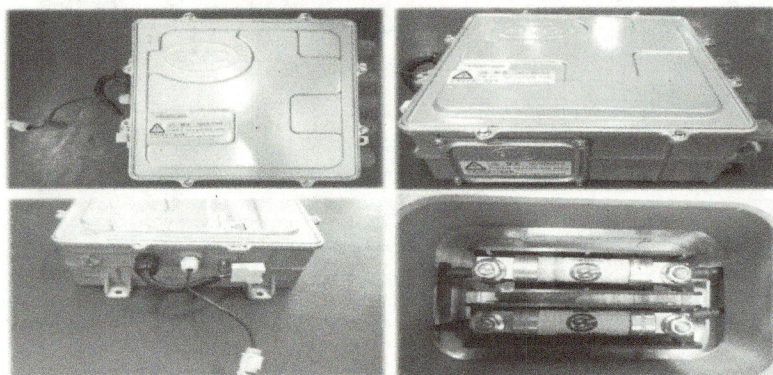

图 5-22　高压配电箱结构

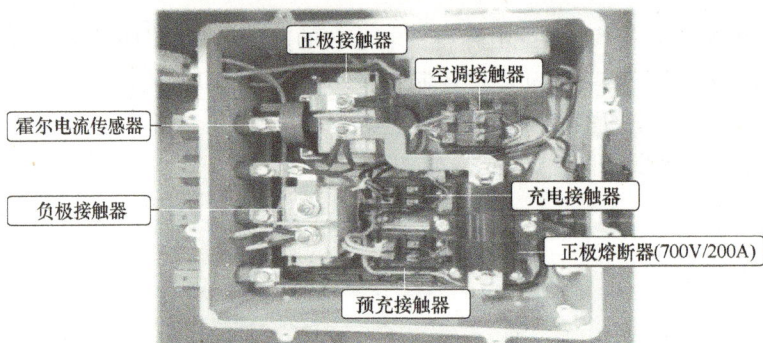

正极接触器
空调接触器
霍尔电流传感器
充电接触器
负极接触器
正极熔断器(700V/200A)
预充接触器

图 5-23　高压配电箱内部结构

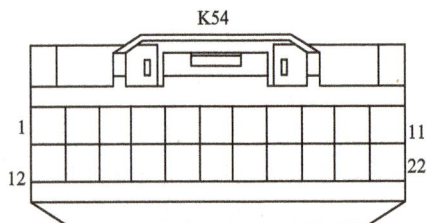

K54

引脚号码	定义
1	预充接触器电源
3	正极接触器电源
4	交流充电接触器电源
5	负极接触器电源
7	空调接触器电源
9	电流霍尔信号
10	负极接触器控制
13	预充接触器控制
14	正极接触器控制
17	空调接触器搭铁
19	霍尔电流传感器+15V
20	交流充电接触器控制
21	霍尔电流传感器-15V
其余	空脚

图 5-24　高压配电箱低压控制 22PIN 接插件引脚定义

三、高压配电箱电路原理（图 5-25）

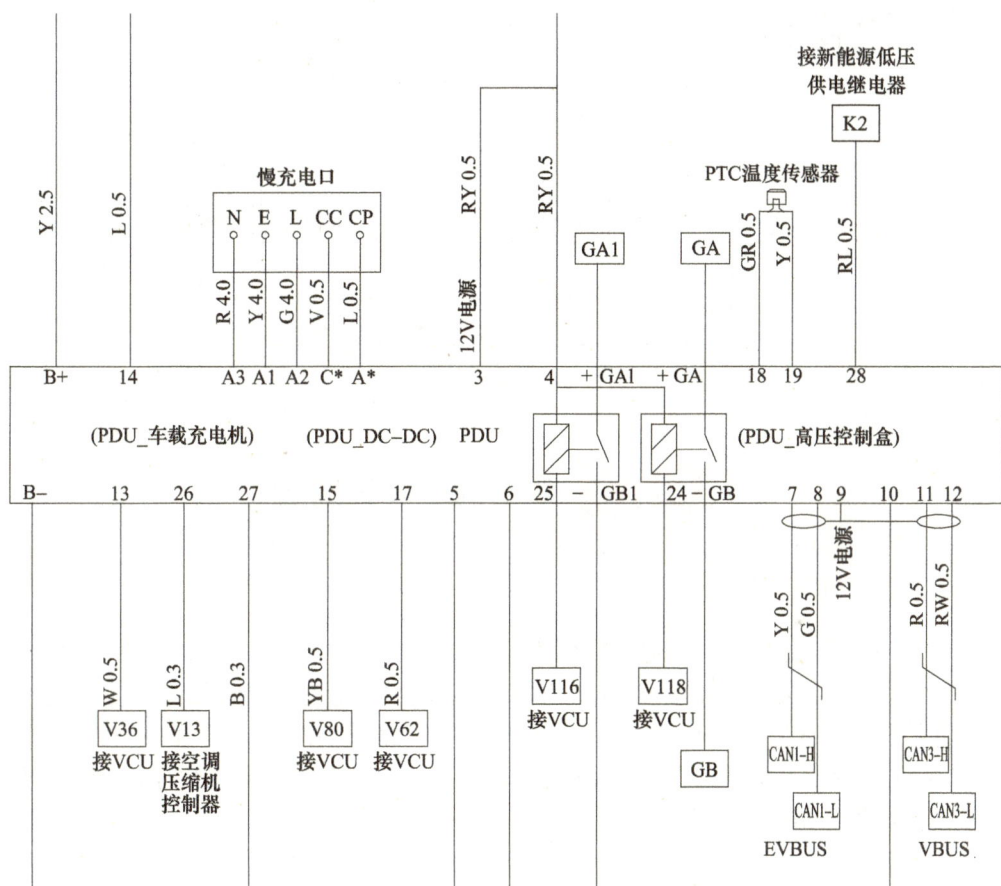

图 5-25　高压配电箱电路原理图

任务四　认知双路电源

一、双路电概念

燃油汽车没有充电工况，所以燃油汽车的模块除了常电外，还有上电时的 IG 电。而对于新能源车型部分模块，例如 BMS、VTOG、DC/DC 变换器等，无论上电还是充电都需要工作，所以除常电以外的另外这路电源，必须在上电和充电时都供电，这路电源称为双路电（即上电+充电两路）。比亚迪 E5 双路电源是这样设计的，上 OK 电和交流充放电时，由双路继电器吸合供电；直流充电时，则由直流充电继电器吸合供电。

二、双路电原理

双路电原理框图如图 5-26 所示。

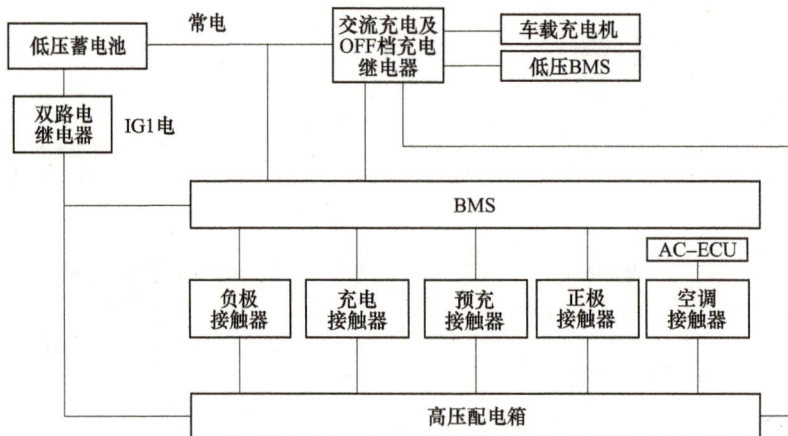

图 5-26　双路电原理框图

任务五　认知高压互锁装置

一、高压互锁定义

在每一个高压电路，蓄电池包内部和蓄电池的每根采样线均增加了熔断器，即使发生了短路，也可以保证蓄电池包等高压器件及线束不会发生短路起火。高压互锁，也指危险电压互锁回路（Hazardous Voltage Interlock Loop，HVIL）：通过使用电气小信号，来检查整个高压产品、导线、插接器及护盖的电气完整性（连续性），识别电路异常断开时，及时断开高压电。高压互锁原理图如图 5-27 所示。

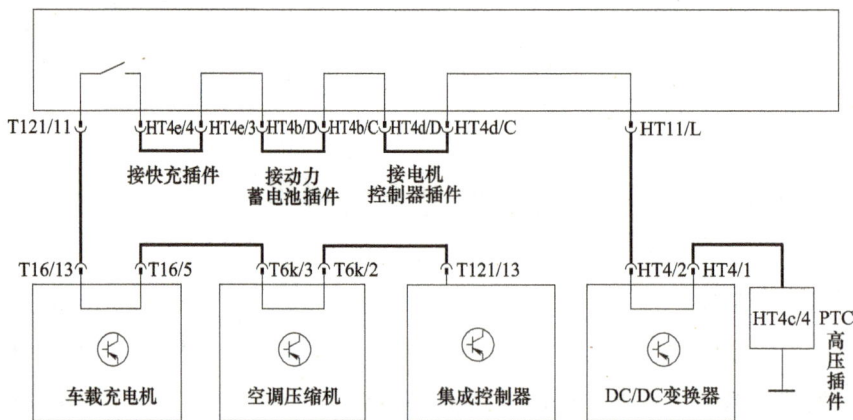

图 5-27　高压互锁原理图

二、高压互锁的设计目的

1）整车在高压上电前需确保整个高压系统的完整性，使高压处在一个封闭的环境下工作，提高安全性。

2）当整车在运行过程中，若高压系统电路断开或者完整性受到破坏的时候，需要启动安全防护。

3）防止带电插拔高压插接器，给高压端子造成拉弧损坏。

三、高压互锁原理

高压插接器上的互锁端子如图 5-28 所示。

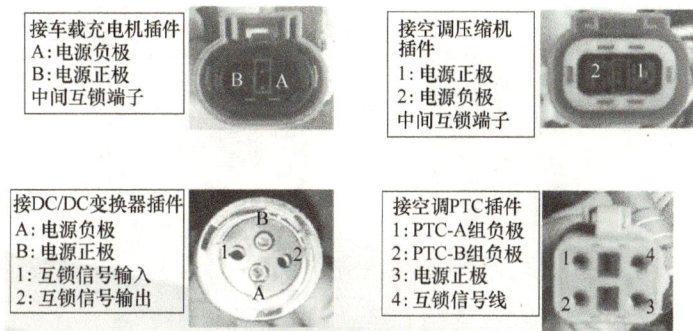

图 5-28 高压插接器上的互锁端子

高压互锁如图 5-29 所示。

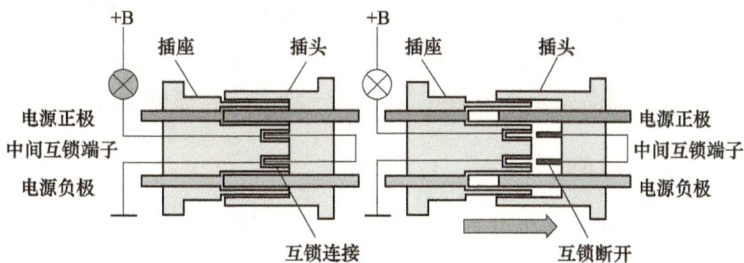

图 5-29 高压互锁

北汽高压互锁连接图，如图 5-30 所示。

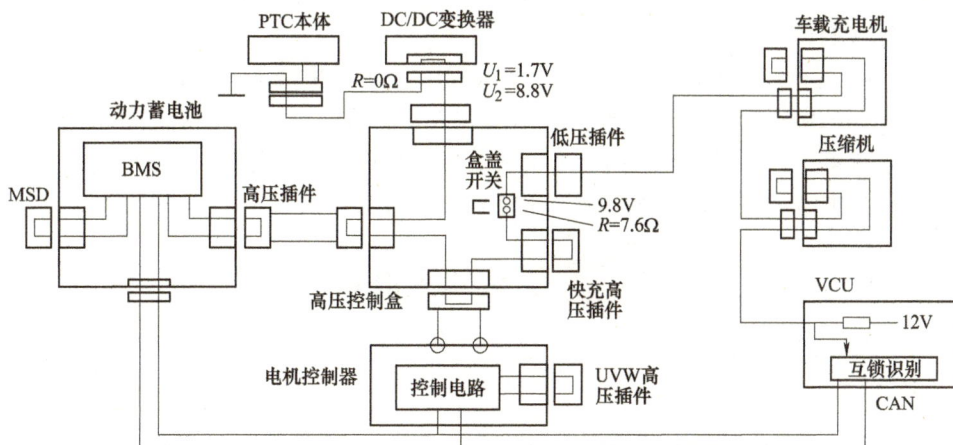

图 5-30 北汽高压互锁连接图

四、秦 EV、e5 车型结构互锁

秦 EV、e5 车型作为纯电动汽车，只做了互锁 1（结构互锁），高压互锁是由 BMS 来检测的，由 BMC01 的 1 号针脚（W 线）输出 PWM 信号，经过 PTC、高压电控总成、动力蓄电池包后再回到 BMC02 的 7 号针脚（W 线），秦 EV、e5 车型结构互锁如图 5-31 所示。

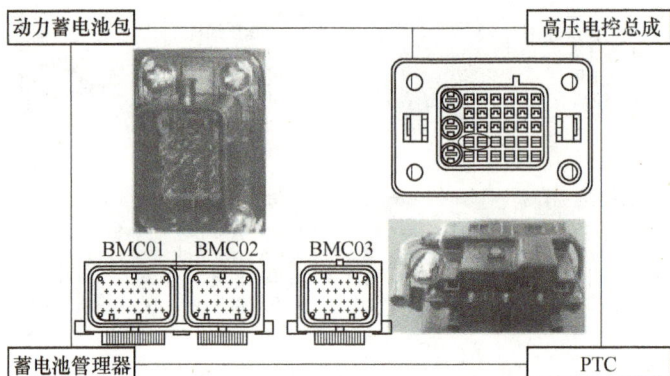

图 5-31　秦 EV、e5 车型结构互锁

在 BMS 报高压互锁故障时，首先需要通过测量 BMC01 的 1 号针脚与 BMC02 的 7 号针脚（线束端）是否导通来判定真互锁还是假互锁：若导通，则为 BMS 误报，确认 BMS 本身有无故障；若不导通，则需要根据互锁电路来进一步确认互锁的故障点。

五、高压互锁控制策略

（1）故障报警　无论电动汽车在何种状态，高压互锁系统在识别到危险时，汽车应该对危险情况做出报警提示，需要仪表或指示器以声或光报警的形式提醒驾驶人，让驾驶人注意汽车的异常情况以便及时处理，避免发生安全事故。

（2）切断高压源　当电动汽车在停止状态时，高压互锁系统在识别严重危险情况时，除了进行故障报警，还应通知系统控制器断开自动断路器，使高压源被彻底切断，避免可能发生的高压危险确保，财产和人身安全。

（3）降功率运行　电动汽车在高速行车过程中，高压互锁系统在识别到危险情况时，不能马上切断高压源，应首先通过报警提示驾驶人，然后让控制系统降低电动机的运行功率，使汽车速度降下来，以使整车高压系统在负荷较小的情况下运行，尽量降低发生高压危险的可能性，同时也允许驾驶人能够将汽车停到安全的地方。

任务六　认知充电系统

一、交流充电连接装置及交流充电口总成（图 5-32）

1. 交流充电连接装置（图 5-33）

连接供电端三芯插接器，充电连接装置上的控制盒点亮"READY"指示灯，同时

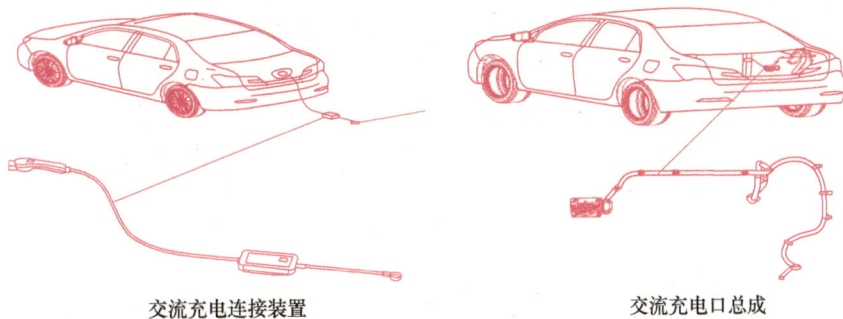

交流充电连接装置   交流充电口总成

图5-32 交流充电连接装置及交流充电口总成

图5-33 交流充电连接装置实物图

"CHARGE"指示灯闪烁。交流充电连接装置指示灯如图5-34所示。

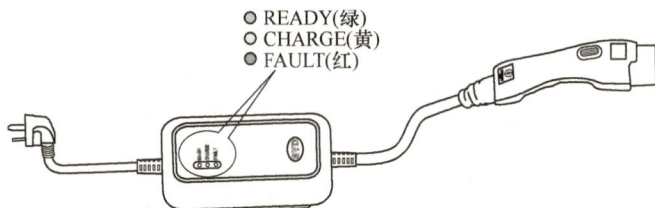

○ READY(绿)
○ CHARGE(黄)
○ FAULT(红)

图5-34 交流充电连接装置指示灯

2. 交流充电口总成

  交流充电口又称慢充口，位于行李舱门上，用于将外部交流充电设备的交流电源连接汽车充电回路上。汽车外部通过充电连接装置连接交流充电设备，汽车内部通过高压电缆连接车载充电机。交流充电连接装置汽车位置如图5-35所示。

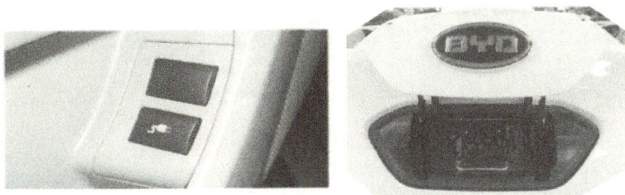

图5-35 交流充电连接装置汽车位置

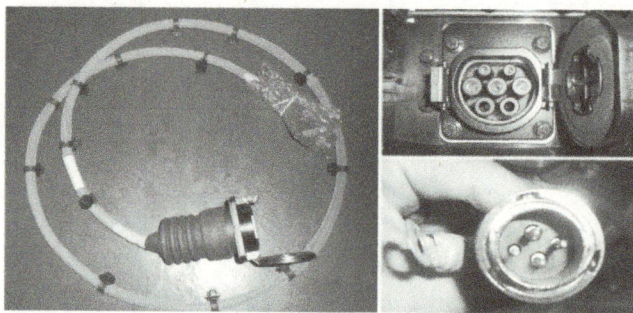

图 5-35　交流充电连接装置汽车位置（续）

3. 交流充电接口定义（图 5-36）

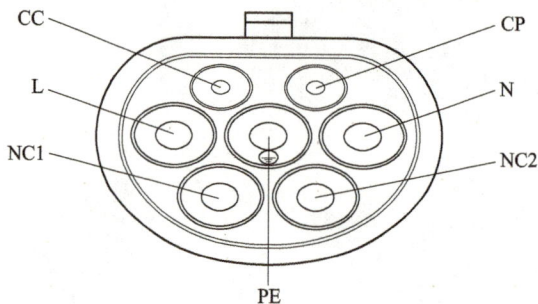

图 5-36　交流充电接口定义

CC—充电连接确认　CP—控制确认　N—中线　L—交流电源　PE—车身搭铁
NC1—备用 1　NC2—备用 2

二、车载充电机

1）安装位置：车载充电机（On-Board Charger，OBC）位于后行李舱右部。车载充电机安装位置如图 5-37 所示。

2）功用：将交流充电口传递过来的交流电源转换为直流高压电为动力蓄电池充电。

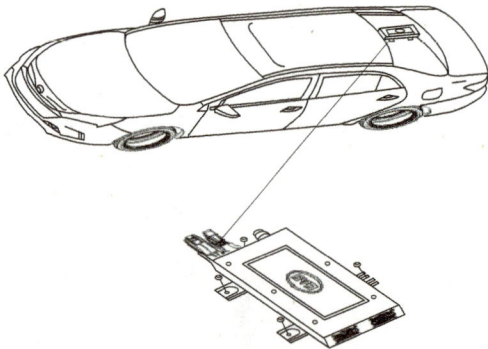

图 5-37　车载充电机安装位置

3）车载充电机实物（图 5-38）。

4）车载充电机控制线束引脚定义（表 5-2）。

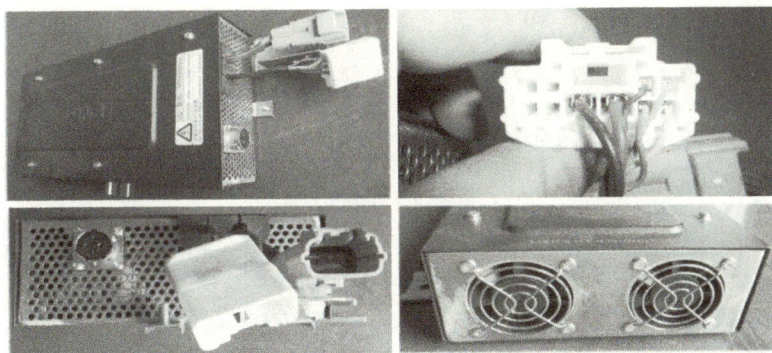

图 5-38　车载充电机实物

表 5-2　车载充电机控制线束引脚定义

引脚号码	定　义
3	CAN-L
4	充电指示灯信号
7	搭铁
8	持续 10A 电流
9	CAN-H
10	充电感应信号
其余	空脚

5）充电系统框图（图 5-39）。

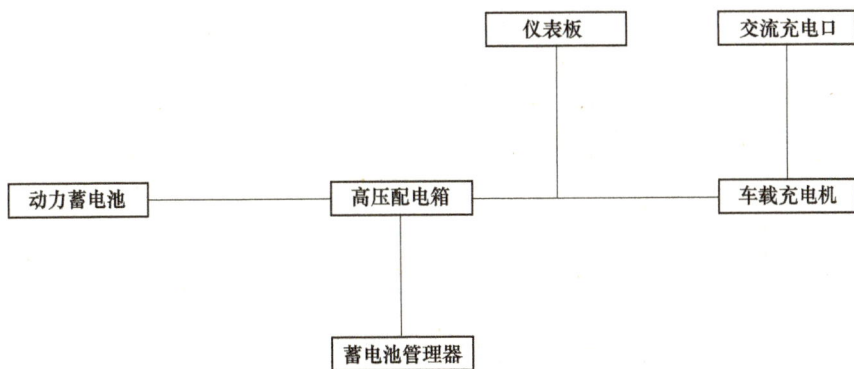

图 5-39　充电系统框图

6）充电流程（图 5-40）。

7）充电请求允许电路图（图 5-41）。

三、充电方式

1）预约充电（图 5-42）：按照客户设置的充电时间对汽车定时充电。

2）即时充电：一般直接充电。即时充电为家用单相交流充电，性能参数如下。

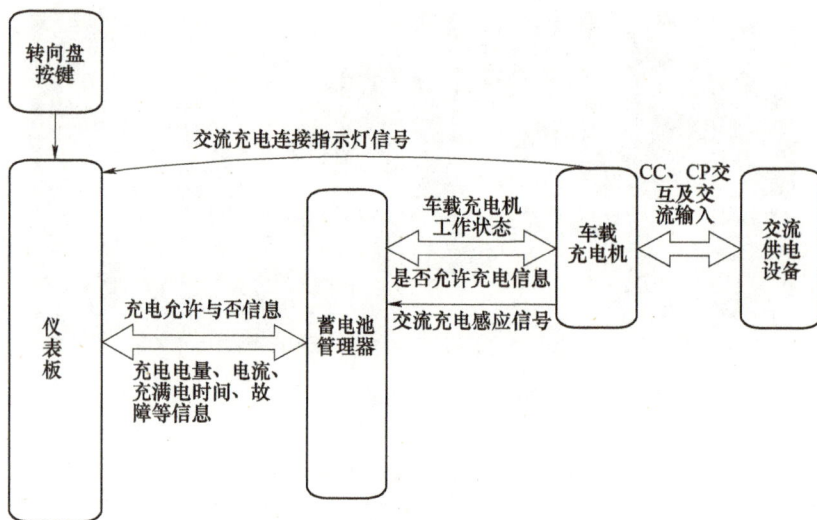

图 5-40　充电流程

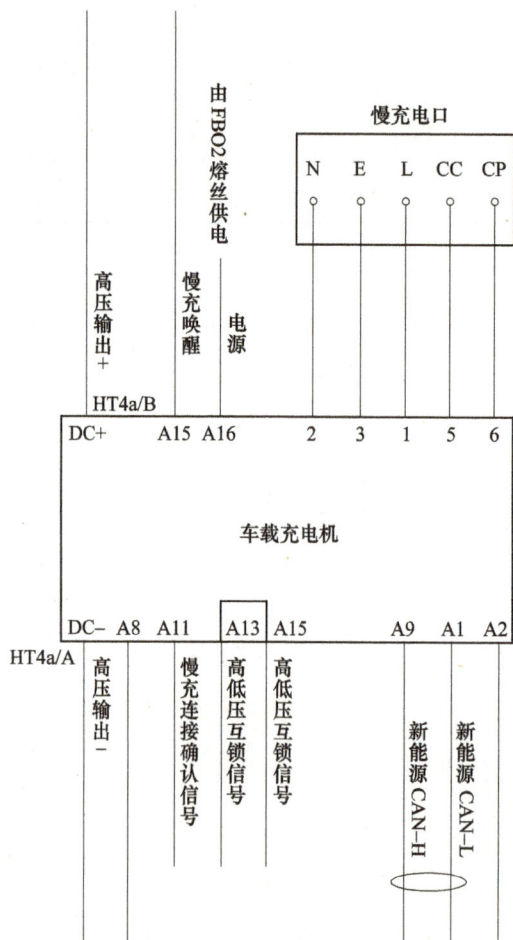

图 5-41　充电请求允许电路图

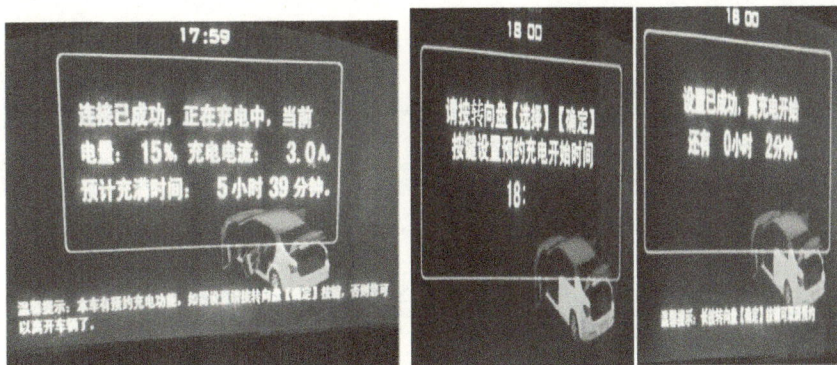

图 5-42　预约充电

输入电压：220V/AC 50Hz。

输入功率：1.5kW。

3）一般充电故障诊断见表 5-3。

表 5-3　一般充电故障诊断

故障状态	可能原因	解决方法
不能充电，物理连接完成，已启动充电（包含三芯转七芯）	电源置于 OK 档	将电源档位置于 OFF 档
	动力蓄电池已充满	动力蓄电池已充满时，充电会自动停止
	12V 蓄电池过放电	寻找其他 12V 电源，如搭接其他车辆的 12V 蓄电池，充电开始后，会同时给蓄电池充电
	车辆或交流充电连接装置故障	确定仪表板上有蓄电池故障灯点亮，或是有充电系统故障提示语，停止充电，与比亚迪认证的经销商联系
充电中途停止充电	电源断电	电源恢复后，充电会自动重新开始
	充电电缆没有连接完好	确认充电连接装置电缆没有虚接
	充电连接装置开关被按下	充电连接装置开关被按下则停止充电，需重新连接充电连接装置，启动充电
	动力蓄电池温度过高	仪表板显示动力蓄电池温度过高，警告指示灯亮，充电会自动停止，待蓄电池冷却后再充电
	车辆或车载充电机发生故障	确认仪表板提示，读取相关数据流分析

四、充电解决方案

图 5-43 所示为一种可参考的新能源汽车充电解决方案，充电系统组成：配电系统（高压配电柜、变压器、无功补偿装置和低压开关柜）、充电系统（充电柜和充电机终端）以及储能系统（蓄电池与逆变器柜）。无功补偿装置能解决充电系统对电网功率因数影响的问题，充电柜内充电机一般都具备有源滤波功能，解决谐波电流和功率因数问题。蓄电池和逆变器柜能解决老旧配电系统无法满足充电站容量要求的问题，并起到削峰填谷作用，在不充电的时候进行储能，大容量充电且配电系统容量不足时释放所储能量进行充电。如果新建配电系统容量足够，蓄电池和逆变器柜可以不选用。风力发电和光伏发电为充电系统提供清洁能源，可减少从电网取电。

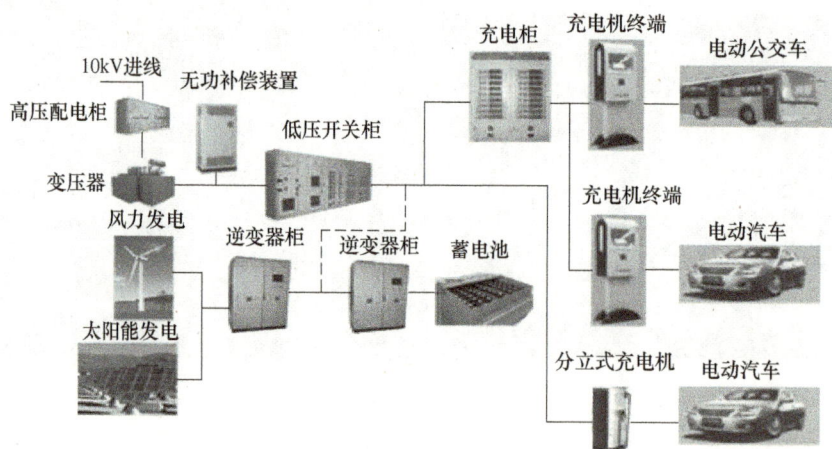

图 5-43　一种可参考的新能源汽车充电解决方案

五、故障案例

1. 故障现象
帝豪 EV300 新能源轿车无法用便携式充电盒进行交流慢充充电。

2. 检查分析
该车连接慢充充电枪后，充电插座上的红色充电指示灯常亮（图 5-44），这代表存在充电故障。

组合仪表中的充电连接灯点亮，但充电指示灯并未点亮（图 5-45），这表明充电枪已经连接好但系统并未充电。

图 5-44　充电插座的红色充电指示灯常亮

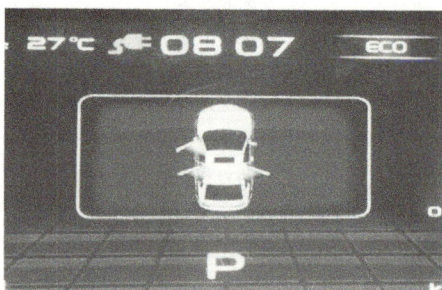

图 5-45　故障车仪表显示

由于充电插座上的红色指示灯常亮，表明充电系统自检没有通过，这种情况下自诊断系统会记录相关故障码。于是维修人员使用专用诊断仪读取该车故障码，发现未连接充电枪时故障码为"P10031B——OBC 充电过程中充电枪插座温度过高"；当充电枪连接后，除 P10031B 故障码外还新增了故障码"P10031E——充电枪插座温度无效"。诊断仪读取到的故障码如图 5-46 所示。

帝豪》帝豪EV300 》充电控制器（OBC）》读故障码		
故障码	描述	状态
P10031B	OBC充电过程中充电枪插座温度过高	当前的
P10031E	充电枪插座温度无效	当前的

图 5-46　诊断仪读取到的故障码

　　根据该车型资料，车载充电机（OBC）负责将交流充电桩或者便携式充电盒输入的交流电转换为直流电对蓄电池组进行充电，同时对充电插座的充电温度进行监测，避免因温度过高而引起充电插座烧结。

　　车载充电机上的 EP66 插接器的 11 号和 12 号端子与交流充电插座相连的，正是充电插座温度传感器的信号线。交流充电系统电路如图 5-47 所示。

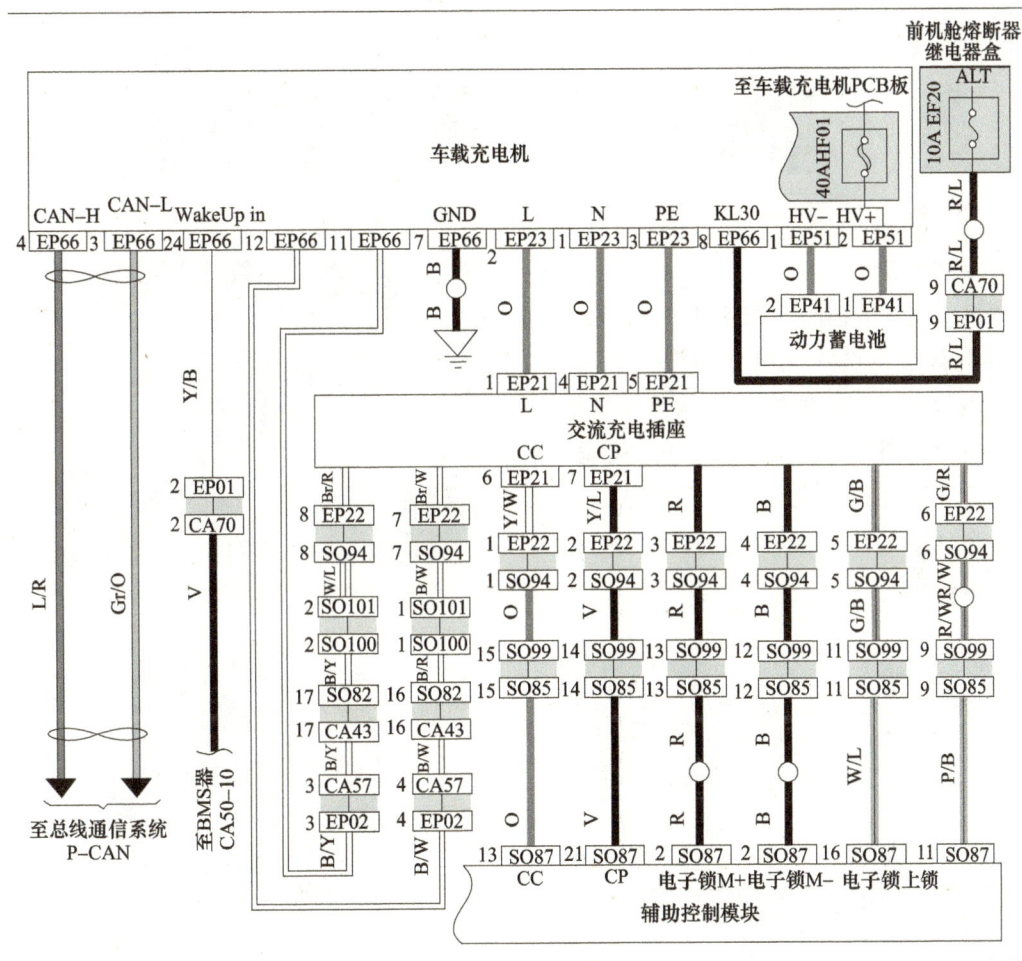

图 5-47　交流充电系统电路

　　于是将车载充电机上的 EP66 插接器断开，测量其 11、12 号端子之间的电阻值，结果显示为 0.5Ω，说明二者短接。EP66 插接器端的测量结果如图 5-48 所示。

　　断开交流充电插座的 EP22 插接器端，测量其 7、8 号端子之间的电阻，也就是温度传感器自身的电阻值，测量结果显示为 0Ω（图 5-49）。

　　由测量结果分析，该车无法充电的故障正是由于温度传感器内部短路所引起。当车载充电机检测到充电插座温度传感器的电阻为 0 时，会误认为插座温度过高，进而出于热保护的原因而禁止通过交流充电插座进行充电，同时记录相应的故障码并点亮红色的充电故障警告灯。

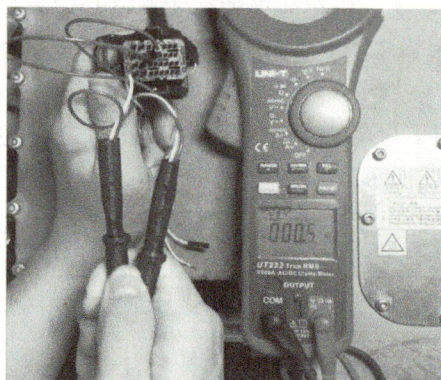

图 5-48　EP66 插接器端的测量结果

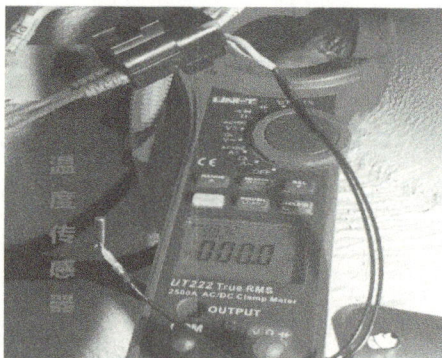

图 5-49　EP22 插接器端的测量结果

3. 故障排除

更换交流充电插座（图 5-50），清除故障码后重新用便携式充电盒为汽车充电，连接充电枪后，充电插座上的绿色充电指示灯闪烁（图 5-51），代表系统正在充电，同时组合仪表上的充电连接灯和充电指示灯均点亮（图 5-52），交流充电系统运行正常，故障排除。

图 5-50　交流充电插座

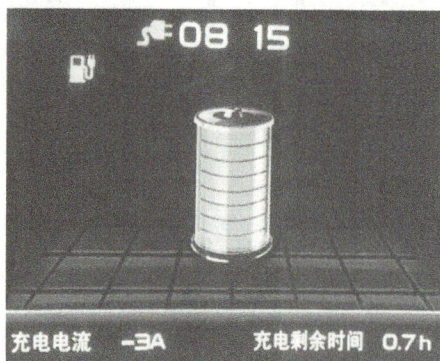

图 5-51　组合仪表上的充电连接灯和充电指示灯

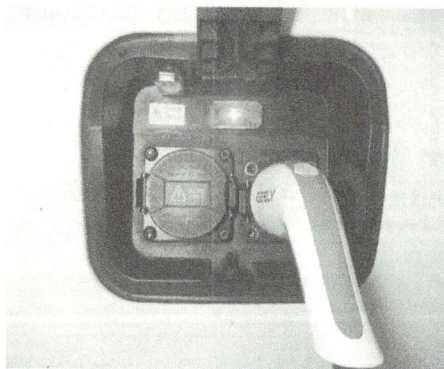

图 5-52　绿色指示灯闪烁表示充电正常

—— 课后练习 ——

一、选择题

1. 新能源汽车的高压系统包括_____、_____、_____、_____和其他高压元件。

2. 北汽新能源汽车 EV150 和 EV160 采用的是_____蓄电池，这种蓄电池寿命长，循环寿命大于_____次，安全性能高，但_____相对较低。

3. EV200 所使用的单体蓄电池为_____，蓄电池包布局结构为 3P91S（____个并联，____个串联），共_____个单体蓄电池。

4. BMC 的主要功能是_____、_____、_____、接触器控制、功率控制、蓄电池异常状态报警和保护、_____、_____、自检以及通信等。

5. 高压配电箱功用：_____。

6. 高压配电箱内部有_____、_____、_____传感器。

二、简答题

1. 高压互锁有什么作用，具体是什么原理？

2. 慢充系统由哪些部分组成？有什么作用？

汽车电路故障检修

项目内容

汽车电路故障主要是电路上产生了短路、断路、接触不良或漏电。由于机械原因导致电路接触不良的故障，解决的根本办法是恢复机械结构的完整性。在判断电路故障时，只着眼于电路或电路图是不够的，单纯重视电路而忽视机械结构，导致处理不当，都会重新发生机械性和电器性综合故障。为了提高判断电路故障的准确性，缩短查找电路的时间，防止增添新的故障，无论是靠人工感觉去判断还是借助仪表测灯、仪器去检测，应遵循下列原则：根据电路原理图联系实际；查清症状，仔细分析；从简到繁，由表及里；探明构造，结合原理；按系分段，替代对比。只要做到这些，故障便可逐一排除。

项目目标

1. 了解汽车电路故障诊断原理。
2. 正确认识汽车电路的维修误区。
3. 掌握汽车电路疑难故障诊断中的模拟技术。
4. 熟悉确认故障部位的方法及维修注意事项。
5. 了解汽车电路技术参数。
6. 能根据汽车故障诊断原理分析故障。
7. 会用故障模拟技术分析汽车电路故障。
8. 会评价汽车性能的技术诊断参数。

任务一 认知汽车电器的工作条件和工作状态

一、汽车电器的工作条件

汽车电器的工作条件有温度与湿度的变化、电压的波动、电器间的相互干扰、剧烈的振动以及尘土的侵蚀等。

1. 温度与湿度的变化

温度的变化包括两方面：一是外界环境温度；二是使用温度，它与汽车电器工作时间的长短、布置位置以及汽车电器自身的发热散热条件有密切关系。较高的使用温度是造成过热损坏的主要原因。

在湿度较大的环境下，将会增加水分子对电子元件的浸润作用，使其绝缘性能下降，影响汽车电器的工作性能。

2. 电压的波动

汽车电器的电压波动可分为两种：一种是正常范围内的波动，即从蓄电池的端电压到电压调节器起作用的电压之间；另一种为过电压，过电压将对汽车上的电器设备带来极大危害。过电压从其性质来分，可分为非瞬变性过电压和瞬变性过电压。瞬变性过电压对汽车电器危害最大，其产生主要有以下几种情况：

1) 当停车关闭点火开关时，由于发电机的磁场绕组与蓄电池之间通路瞬间切断，从而在磁场绕组中感应出按指数规律变化的负电压，其反向峰值可达 $-100\sim50V$。该脉冲由于没有蓄电池吸收，极易引起电子元件的损坏。

2) 汽车运行中，发电机与蓄电池之间的导线意外松脱，或者在没有蓄电池的情况下，突然断开其他负载。

3) 电感性负载（如电喇叭、各种电机、电磁离合器等）在切换时，将在电路中产生高频振荡，振荡的峰值电压可超过200V，但其持续时间较短（300μs左右），一般不能引起电子元件损坏，但对于具有高频响应的控制系统（如电控汽油喷射系统），往往会引起误动作。

3. 电器间的相互干扰

由于各个电器设备工作方式不同，它们之间会以不同的方式彼此侵扰。通常将汽车上所有电器能在车上正常工作而不干扰其他电器正常工作的能力称为汽车电器的相容性。在实际工作中，电器间的相互干扰是不可避免的，因此，对汽车电器来说，相容性是非常重要的。任何因素激发出的振荡都会通过导线等以电磁波的方式发射出去，势必对其他电子系统产生电磁干扰。因此，汽车上应用的计算机等，都应有良好的屏蔽措施，一旦屏蔽被破坏，也会导致其工作异常。

4. 其他

汽车行驶中不可避免地会产生振动和冲击，它将造成电子设备的机械性损坏。脱线、脱焊、触点抖动、搭铁不良等故障，以及尘土及有害气体的侵蚀，会导致接触不良、绝缘性能下降等故障。

二、电路的满载、空载和过载工作状态

在使用和维修过程中常常通过满载、空载和过载三种不同的工作状态，对汽车电器进行性能测试、分析和判断故障所在。

1. 满载工作状态（额定工作状态）

汽车电器产品的铭牌上都规定了"额定电压""额定电流"或"额定功率"等。按照额定值去使用维护，则工作效率高，安全可靠，寿命较长。汽车电器在额定状态下工作，称为满载工作状态。

2. 空载（开路）

电路一般通过开关和熔丝把电源和负载连接起来。开关用来接通和切断电路，起控制电路的作用。当开关打开或熔丝熔断时，这时电路的工作状态称为空载（开路）。

3. 过载（超载）

电路中的电流或功率超过了电源或汽车电器的额定值时，称为过载。过载时汽车电器可能发热损坏。

任务二 认知常用的检测仪器、设备与基本检测技术

一、常用电工仪表

（一）电流表

电流表是用来测量电路中电流大小的一种仪表，通常用符号 A 表示，按测量电流性质的不同，可分为直流、交流两种。

电流表使用时，必须将电流表直接串联在所测电路中，尤其在测量直流电流时，要注意电流表的极性，以免损坏仪表。

（二）电压表

电压表是测量电路中电压高低的一种仪表，通常用符号 V 表示，其特点是内阻较大。按测量电流性质的不同，可分为直流、交流两种。测量时应将电压表同被测电路并联。

（三）万用表

常用的万用表有指针式和数字式两种。

1. 指针式万用表

指针式万用表有 500 型、MF9 型、MF10 型等多种型号。万用表一般都具有测量直流电压、直流电流、交流电压、静态电阻等多种功能，有的还能测量交流电流、电容量、电感量以及半导体管的某些参数等。

2. 数字式万用表

数字式万用表是一种新型仪表，它具有测量精度高、灵敏度高、速度快及数字显示等特点。20 世纪 80 年代后，随着单片机 CMOS A-D 转换器的广泛应用，新型袖珍式数字万用表也迅速得到普及，并在许多情况下正逐步取代指针式万用表。

DT-890 型数字万用表的面板如图 6-1 所示。

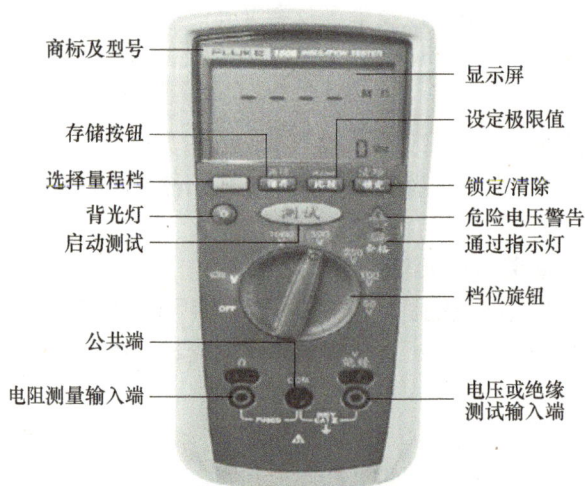

图 6-1 DT-890 型数字万用表的面板

（四）示波器

示波器分为模拟式和数字式两类。

1. 模拟式示波器

模拟式示波器的显示屏上显示的电压波形称为光迹，是由阴极射线管（CRT）内移动的光束形成的。电子枪产生光束，CRT 内的电压极板则在垂直和水平方向上使光束发生偏转，形成光迹，其光迹是一种模拟式的"实时"电压图像，适合于测量频率较快、重复性好（周期稳定）的电压信号。

2. 数字式示波器

数字式示波器采集模拟的电压信号，然后将其转变为数字信息记录下来，再通过显示屏将其重现。比起模拟式示波器，该信息具有以下特性：可暂停显示、保存、打印或记录某个波形；可显示、捕捉慢速变化、周期不稳、单一脉冲的各种信号波形。

常用检测工具和专用测量工具有以下几种。

（1）简单的跨接 跨接线就是一段多股导线，在其两端分别装有鳄鱼夹或形状不同的插接器。它在被怀疑断路的导线处起替代鉴别作用，也可以在不需要某部件的功用时，用跨接线短路，而将其隔离出去，以检查部件的工作情况。工具箱内必须有多种形式的跨接线（图 6-2），以用作特定位置的测量。

跨接线虽然比较简单，但却是非常实用的工具，它的作用只是起一个旁通电路的作用。

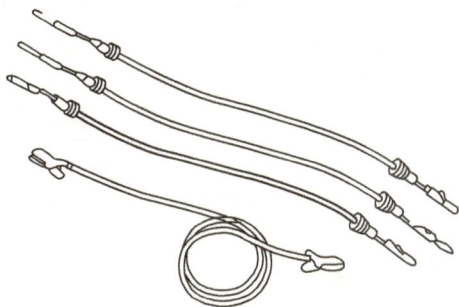

图 6-2 跨接线

注意事项：

① 用跨接线将电源电压加至试验部件之前，必须先确认被试部件的电源电压是否应为 12V。有的喷油器电源电压为 4V，如果加上 12V 电压就可能使喷油器损坏。

② 跨接线不可错误连接在试验部件"+"接头与搭铁之间。

（2）12V 测试灯 12V 测试灯（图 6-3）由试灯、导线、各种型号端头组成。它主要是用来检查系统电源电路是否给电气部件提供电源。

（3）自带电源测试灯 自带电源测试灯（图 6-4）与 12V 测试灯基本相同，它只是在手柄内加装两节 1.5V 干电池，它用来检查电气电路断路和短路故障。

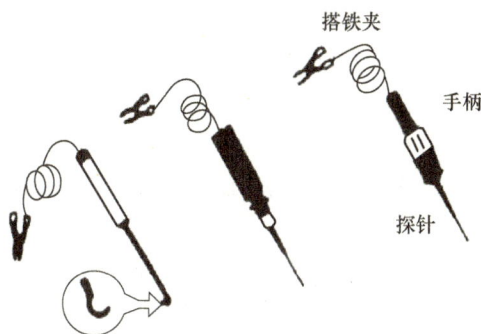

图 6-3 12V 测试灯

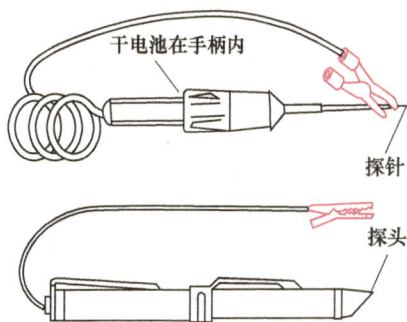

图 6-4 自带电源测试灯

1）断路检查：首先断开与电气部件相连接的电源电路，将测试灯一端搭铁，另一端接电路各接点（从电路首端开始）。如果灯不亮，则断路出现在被测点与搭铁之间，如果灯亮，则断路出现在此时被测点与上一个被测点之间。

2）短路检查：首先断开电气部件电路的电源线和搭铁线，测试灯一端搭铁，一端与余下电气部件电路相连接，如果灯亮，表示有短路故障（搭铁）存在，然后逐步将电路中插接器脱开，开关打开，拆除部件等，直到灯灭为止，则短路出现在最后开路部件与上一个开路部件之间。

（五）汽车专用故障诊断仪

为了便于诊断故障，世界各大汽车公司一般都配备专用故障诊断仪（又称为解码仪）。各种故障诊断仪的使用方法各有不同，下面以大众汽车公司使用的 V. A. G1552 故障诊断仪（图6-5）为例，说明其主要功能和使用方法。

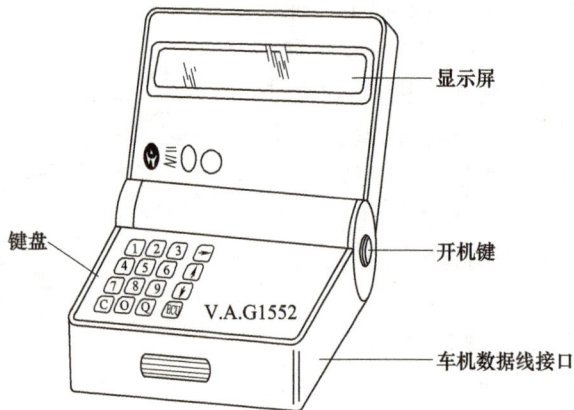

图6-5　V. A. G1552 故障诊断仪

1. V. A. G1552 故障诊断仪的功能

1）询问电子控制单元的版本功能：屏幕能显示被测试汽车 ECU 的代号。

2）读取故障码的功能：屏幕可对故障码进行显示和说明。

3）执行机构测试功能：例如桑塔纳2000型汽车在点火开关接通，发动机未起动的状态下，该功能可使汽油泵、喷油器及活性炭罐等执行元件正常工作，以便检查其工作状态。

4）基本设定功能：在更换发动机电子控制单元或怠速控制组件后，可对两者重新匹配，使之达到最佳工作状态。

5）清除故障码功能：当故障排除之后可清除存储器中的故障码。

6）结束测试功能。

7）电子控制单元编码功能：在更换 ECU 之后可重新对其编码。

8）读取数据流功能：能随时反映发动机在各工况下，电控系统各传感器所测的信息，并分块进行显示，以帮助查找故障原因。

9）匹配功能：例如在更换发动机或节气门控制部件，或拆装节气门控制部件，或电源中断之后，必须进行发动机电子控制单元（ECU）与节气门控制部件的匹配。

2. V. A. G1552 故障诊断仪的操作方法

1）使用故障诊断仪检查测试汽车前，首先要检查该车蓄电池电压，应不低于11V，以确保故障诊断仪的电源正常。

2）故障诊断仪所有功能都由程序卡的软件来控制，当新车型上市后，其程序卡必须更换。更换程序卡时应切断电源后再更换。

3）连接测试主线束时，应关闭点火开关，将测试线束一端与诊断仪相连，另一端与车上诊断接口连接（图6-6）。

4）按要求连接好仪器，打开点火开关，同时打开诊断仪电源开关。此时，首先进入的是操作模式1（汽车测试系统），显示屏上出现文字。如果没有显示，应立即检查连接口情况，并排除。

5）单击键盘上的"HELP"键，显示屏上出现地址清单。电子控制单元的地址代码由两位数字组成，电子控制系统电子控制单元地址代码的含义见表6-1。例如，地址代码01代表发动机电子控制系统。

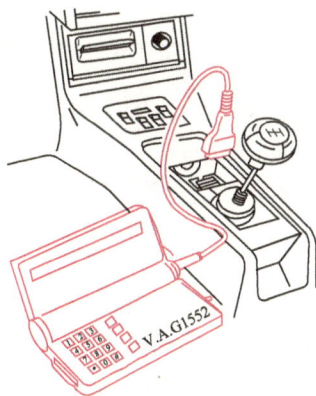

图6-6 V. A. G1552诊断仪与桑塔纳2000Gli型轿车自诊断接口连接

表6-1 电子控制系统电子控制单元地址代码的含义

地址代码	电控单元	地址代码	电控单元
01	发动机电子控制系统	17	仪表板电子控制系统
02	变速器电子控制系统	24	驱动防滑电子控制系统
03	防抱死制动电子控制系统	25	汽车防盗电子控制系统
08	暖风/空调电子控制系统	34	四轮转向电子控制系统
14	汽车悬架电子控制系统	00	整车电子控制系统故障查询（查询整车电子控制系统的故障码，并打印结果）
15	安全气囊电子控制系统		

6）单击"HELP"键，可选择测试功能中的任一功能。只要将所选择的功能代码的两位数字键入，并单击"Q"键确认，则可进入所选的功能操作。V. A. G1552诊断仪可供发动机电子控制系统选择的功能见表6-2。

表6-2 V. A. G1552诊断仪可供发动机电子控制系统选择的功能

代码	功能	前提条件	
		发动机停转，点火开关接通	发动机怠速运转
01	显示控制系统版本号	—	—
02	读取故障码	是	是
03	执行机构测试	是	否
04	进入基本设定	是	是
05	清除故障码	是	是

（续）

代码	功能	前提条件	
		发动机停转，点火开关接通	发动机怠速运转
06	结束输出	是	是
07	控制模块编号	—	—
08	读取测量数据块	是	是
09	读取单个测量数据	×	×
10	自适应测试	×	—

注：1. 发动机停转，点火开关接通进行基本设定时，必须在更换电控单元、节气门控制组件、发动机或拆下蓄电池电缆后，才能选择代码"04"进行基本设定。

2. 发动机怠速运转进行基本设定时，冷却液温度高于80℃才能进行，如果冷却液温度低于80℃，基本设定功能将被锁止。

（六）汽车通用故障诊断仪

汽车通用故障诊断仪可对世界各大汽车公司的汽车电子控制系统进行故障诊断测试。目前，汽车故障诊断仪的种类繁多，虽然使用方法不同，但操作方法大同小异，参照使用说明书即能很快掌握，下面以金德KT600为例介绍通用故障诊断仪的使用方法。KT600诊断仪的连接如图6-7所示。

金德KT600诊断仪连接时，应首先确认被测汽车蓄电池电压介于11~14V，关闭点火开关，确定诊断座的位置、形状以及是否需要外接电源，如需外接电源则按如图6-7所示连接，根据车型及诊断座的形状选择相应的插接器，将测试延长线的一端插入KT600的测试口内，另一端连接测试插接器，将连接好测试延长线的测试插接器插到汽车的诊断座上，连接好仪器接通电源，起动KT600进入主菜单，选择汽车诊断模块（图6-8），汽车诊断模块界面说明见表6-3。

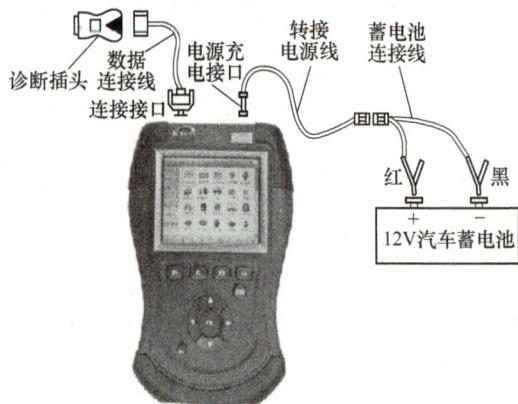

图6-7　KT600诊断仪的连接

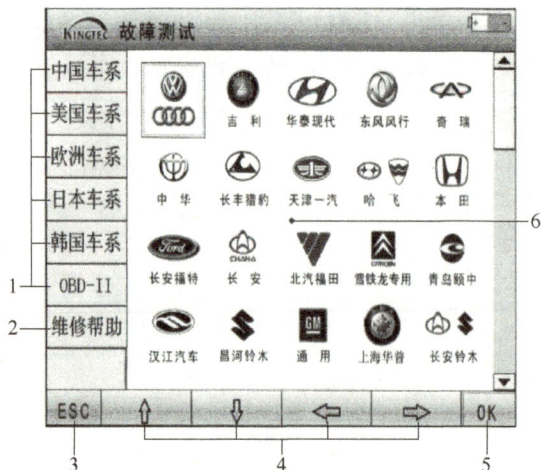

图6-8　选择汽车诊断模块

表6-3　汽车诊断模块界面说明

图注号	项目	说　　明
1	车系选择	中国车系/美国车系/欧洲车系/日本车系/韩国车系/OBD-Ⅱ，请根据被测车辆正确选择
2	维修帮助	包含了"音响解码功能""演示教程""资料库""电路图""KT系列注册升级指导""防盗系统""遥控器系统"和"维修手册"等
3	ESC	触摸按钮，退出，返回上级菜单
4	↑↓←→	触摸按钮，方向选择
5	OK	触摸按钮，确认选择
6	选择车型	根据被测车型正确选择（车型图标会根据使用的频率自动排列）

　　故障诊断测试时，应选择相应的车型图标进行汽车故障测试，如单击中国车系、奥迪大众图标，屏幕上即会显示该车的诊断信息（V02.53为当前仪器内该车型的诊断车型版本，根据测试版本的不同，该号码在程序升级后会随之改变），诊断信息如图6-9所示。

　　测试功能包括读取故障码、清除故障码、读取数据流、基本设定、控制器编码、元件控制测试、各种调整匹配、自适应清除、系统登录、匹配防盗钥匙等，在图中单击"选择系统"进入，可选择车上被测系统，系统选择菜单如图6-10所示。

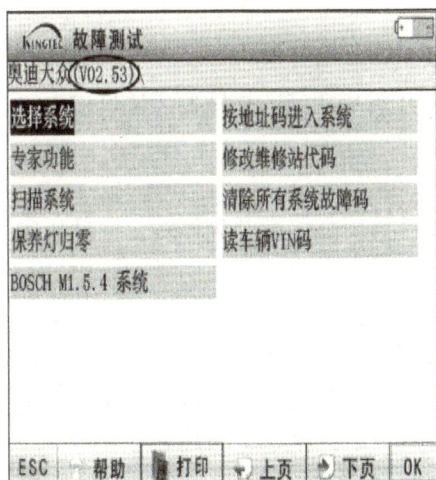

图6-9　诊断信息

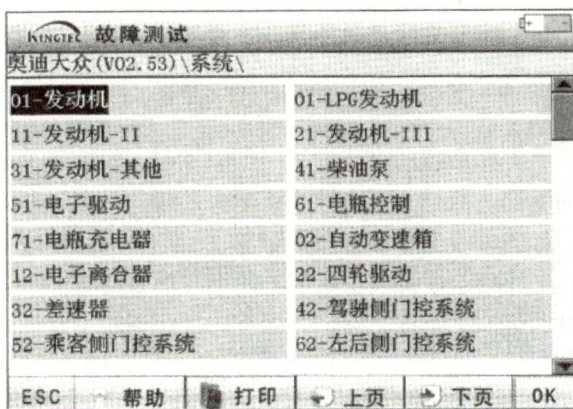

图6-10　系统选择菜单

二、基本测量技术

1. 电压的测量

　　电压的测量如图6-11a所示。测量时，将万用表置于直流电压档适当的量程上，并将两个测试表笔以并联的方式与被测元器件（或电路）相接，同时观察表针的摆动方向。正向摆动（接法正确），即可读出测量数值；若反向摆动（接法不对），应立即交换两个测试表笔的接法后再读数。

2. 电流的测量

　　电流的测量如图6-11b所示。测量时，将万用表置于直流电流档合适的量程上，并将两个测试表笔以串联的方式与被测元器件（或电路）相接。选择量程时应从大到小试选，否则，可能会损坏表头。

3. 电阻的测量

电阻的测量如图 6-11c 所示。测量时，将万用表置于电阻（Ω）档，此时表头与表内的蓄电池串联，如图 6-11c 中的虚线框所示。

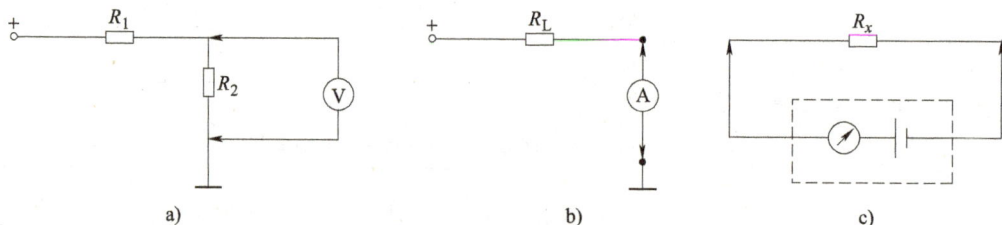

图 6-11　基本量的测量

a）电压的测量　b）电流的测量　c）电阻的测量

任务三　认知汽车电路常见故障与检修流程

一、汽车电路常见故障

电路常见故障包括断路、短路、漏电以及接线松脱、潮湿及腐蚀等导致的接触不良或绝缘不良等。

1. 断路

电源到负载的电路中某一点中断时，电流不通，导致灯不亮、电动机停转，这种故障被称为断路。断路一般由导线折断、导线连接端松脱或接触不良等原因造成。

2. 短路

短路时，电源正、负极的两根导线直接接通，使电器部件不能工作，导线发热或电路中的熔丝烧断。造成短路的原因有：导线绝缘破坏并相互接触；开关、接线盒、灯座等外接线螺钉松脱，造成和线头相碰；接线时不慎使两线头相碰；导线头碰触金属部分等。

3. 漏电

漏电现象使耗电量增大，导线发热。漏电原因是电气设备绝缘不良、导线破坏、绝缘老化、破裂、受潮等。

二、检修故障的基本程序

排除故障时，一般遵循如下程序：询问用户—核实故障—分析判断—检查测量—排除故障—检验性能—记录总结。

1. 询问用户

为了迅速查找到故障源，首先必须了解故障出现时的情形、条件、如何发生以及是否已检修过等与故障有关的情况和信息。为此，必须认真询问用户，倾听用户对故障现象的描述，认真填写"用户意见调查表"（表 6-4），这对于初学者来说是非常必要和有用的。

表6-4 用户意见调查表

用户姓名			登记号	
			登记日期	
			车身代号	
接车日期			里程表读数	km
故障发生日期				
故障发生频次	□经常 □有时 □仅一次 □其他			
故障发生的条件	天气	□晴天 □阴天 □雨天 □雪天 □其他		
	气温	□炎热天 □热天 □冷天 □寒冷天（大约 ℃）		
	地点	□高速公路 □一般公路 □市内 □上坡 □下坡 □粗糙路面 □其他		
	发动机冷却液温度	□冷机 □暖机时 □暖机后 □任何温度 □其他		
	发动机工况	□起动 □起动后 □怠速 □无负载 □行驶（□匀速 □加速 □减速） □其他		
故障现象				
备注				

2. 核实故障

如有可能，核实汽车故障，查看用户描述故障现象是否准确。另外，有的用户由于对汽车的使用常识不甚了解，无意中使开关或按钮处于不正常的位置，便误认为是有故障，因此应及时对故障现象予以检查核实，排除"假故障"的可能。

3. 分析判断

在倾听用户的初步意见和核实故障之后，应进行故障分析，在清楚地了解了可能的故障原因后再选择适当的程序和方法进行故障诊断操作，以防止故障诊断操作的盲目性，尤其是对故障原因比较复杂的故障现象，"先思后行"既可避免对无关部位做无效的检查，又不会漏检有关的故障部位，从而会达到准确迅速排除故障的目的。为此应做到如下几点：

1）了解系统的组成。

2）掌握电路的特点。

3）熟悉部件的位置。

4）获知有关参数。

4. 检查测量

对电气系统进行检查测量时，有许多可遵循的原则，如运用得当可达到事半功倍的效果。

1）先简后繁。

2）先外后内。

3）先熟后生。

4）先静后动。

5）先电源后负载。

6）先一般后特殊。

7）先公用后专用。

8）分段检查。

117

5. 排除故障

依据故障诊断程序和检查测量的结果，判断出故障点（哪个电器部件有故障或哪段电路有故障），采用适当方法将故障排除。

6. 检验性能

检修好的汽车，还应注意重新测试，看其性能是否良好，故障因素是否真的被彻底排除。

7. 记录总结

汽车检修工作完成后，对故障现象、故障原因、故障点和排除方法做好记录。

三、汽车电器电路的检修要点

1. 向客户询问并确认故障真实存在

检修电路故障的关键是分析、判断故障原因。首先要听取用户的反映，在详细了解故障现象和故障发生经过的基础上，做必要的验证。

2. 直观检查

直观检查是利用人的直观感觉，采用"望、闻、问、切、嗅"的方法直接查明故障原因，缩小故障查找范围的方法。

直观检查包括：查看各电器部件及导线是否固定牢靠，零部件是否完好，有无过热、烧毁，搭铁点是否紧固完好；各插接件是否插紧；各接触点有无油污、锈蚀或烧损；导线表面有无油污与灰尘，导线绝缘层有无损伤、老化，导线的屏蔽层有无断裂或擦伤；各熔断器、继电器是否齐备、有效，安装是否牢固，额定值是否符合电路要求；各开关、按钮工作是否正常，有无发卡失灵现象等。

3. 利用自诊断系统进行诊断

对具有比较完善的驾驶人信息系统的汽车，可以根据提示灯或警告灯的显示情况进行相关的维修处理。

现代汽车的电子控制系统一般具有自诊断功能，维修人员可用故障诊断仪（解码器）通过车上的诊断插口，按一定的操作方法读取故障码，也可以按照生产厂商规定的方法直接从发动机仪表板上读取故障码，然后通过查阅相应的"故障码表"了解故障的原因和范围，按载明的故障排除方法进行操作。

如果同时出现多个故障码，要找出其内在联系，判明是自生性故障还是他生性故障。

需要特别指出的是，电子控制系统自诊断显示的故障码，表示的是传感器或执行器所在的电路有故障，并不特指传感器或执行器本身有故障。有些故障不是电子控制系统的"自生性故障"，而是由其他异常因素引起的"他生性故障"。因此，除一些比较直观的"自生性故障"可以通过换件修理直接排除外，多数情况还应通过综合检测诊断才能判明故障原因。过分依赖故障码，往往会造成误诊。

利用诊断仪检测数据流、进行执行器试验、检查行车记录，可以诊断较深层次的电子控制系统故障。

4. 检查公用电路

如果相关的几条电路同时出现故障，原因多半在熔断器或搭铁线上。

如果是熔断器的问题，应对共用该熔断器的每条电路都进行试验（注意：查找故障时，不要忽略电器本身搭铁不良造成的故障)。

如果不是熔断器或搭铁线的问题，接下来要检查问题集中的公用电路和部件，测试时先对该电路中最有可能出现故障的部位加以测试，且先测试最容易测试的部位。

5. 查看最新的诊断信息公告和维修资料

查看最新的诊断信息公告和维修资料将有助于诊断。

6. 从故障码诊断或故障征兆诊断

无故障码时的诊断或间歇性故障诊断，以及汽车运行时的模拟诊断等诊断方法，或由其合并组成诊断方法中选择适合的故障检查手段。

7. 重新检查

如果第 6 步检查没有隔离故障并找到问题的根本原因，第 7 步就是要重新检查先前的诊断程序是否适当、诊断工具是否适合等。

8. 修理并进行确认

真正的原因被找到后，就要修理有故障的系统并确认系统运转正常。

故障排除之后对基础诊断策略进行更多、更详细的电子学/电工学的解释和说明，有助于不断地总结经验，提高技术水平。

任务四　故障诊断与电路检修

一、故障诊断的基本方法

汽车电气系统的故障诊断，通常采用的方法有直观诊断法、换件对比法、利用车上仪表法、试灯法、搭铁试火法、万用表法、示波器法、高压试火法、仪器法、模拟法和检测电压法等。另外短路故障和搭铁故障也有特定的检测方法。

1. 直观诊断法

直观诊断法是检修汽车电器的第一步，也是最简单的一步，它仅凭检修者的直接感觉和经验来检查和排除故障。当汽车电器的某部分发生故障时，会出现冒烟、火花、异响、焦臭、高温等异常现象。通过人体的感觉器官，采用"望、闻、问、切、嗅"的方法对汽车电器进行外观检查，可判断出故障的所在部位。

对于有一定经验的维修人员来说，可以发现一些较为复杂的故障，从而大大地提高检修速度。例如汽车在行驶中，打开转向灯开关时，突然发现转向信号灯与转向指示灯均不亮，用手一摸，感觉闪光继电器发烫，表明闪光继电器已经烧毁。电器元件正常工作时，应有合适的工作温度，若温度过高、过低，将意味着有故障。例如：起动机运转无力时，若蓄电池接线柱与导线接触不良，触摸时将有烫手的感觉。

2. 换件对比法

换件对比法是指用规格相同、性能良好的电器去代替怀疑有故障的电器设备以进行比较和判断故障的方法。对于难以诊断且故障涉及面大的故障（如 ECU），可利用换件对比的方法以确定或缩小故障范围。

如高压火花弱，若怀疑是电容器故障时，可换用良好的电容器进行试火，若火花变强，说明原电容器损坏，否则应继续查找故障原因。

电喷发动机的喷油器不喷油时，若怀疑 ECU 有故障，可用良好的 ECU 进行代换，若喷油，说明原 ECU 损坏，否则应继续查找故障原因。

3. 利用车上仪表法

通过观察汽车仪表板上的电流表、冷却液温度表、燃油表和机油压力表等的指针走动情况，判断电路有无故障和故障产生部位。例如，发动机冷态，接通点火开关时，冷却液温度表指示满刻度位置不动，说明冷却液温度传感器有故障或该电路有搭铁。

4. 试灯法

试灯法就是用一个汽车用灯泡作为试灯，检查电路中有无断路故障。例如，用试灯的一端和交流发电机的"电枢"接线柱连接，另一端搭铁。如果灯不亮，说明蓄电池至交流发电机"电枢"接线柱间有断路现象；若灯亮，说明该段电路良好。

5. 搭铁试火法

搭铁试火法即拆下用电设备的某一线头对汽车的金属部分试碰，根据所产生的火花强弱来判断故障的方法。这种方法比较简单，是广大汽车电器维修工经常使用的简便方法。

装用电子设备的系统，一般则不允许使用这种方法，必须借助于一些仪表和工具，按照一定的方法进行。否则，"试火"产生的过电流，会给某些电路和元件带来意想不到的损害。

搭铁试火的诊断方法分为直接搭铁和间接搭铁两种。

（1）直接搭铁　直接搭铁是一种根据未经过负载而直接搭铁所产生的火花来判断电路状况的方法。

例如怀疑照明总开关至制动开关一段电路有故障时，可拆下制动开关上的线头直接搭铁试碰，若出现强烈火花，说明这段电路正常；若火花较弱，说明这段电路中某一线头接触不良或脏污；若无火花出现，说明这段电路断路。

（2）间接搭铁　间接搭铁是根据通过汽车电器的某一负载而搭铁所产生的火花来判断电路或负载故障的方法。

例如将点火线圈低压侧（-）搭铁，若火花微弱，说明这段电路正常；若无火花，说明电路断路。

对高压电路进行搭铁试火，可观察电火花状况，判断点火系统的工作情况。具体方法是取下点火线圈或火花塞的高压导线，将其对准火花塞或气缸盖等搭铁部位，距离约 5mm，然后接通起动开关，转动发动机，看其跳火情况。如果火花强烈，呈天蓝色，且跳火声较大，则表明点火系统工作基本正常；反之，则说明点火系统工作不正常。

6. 万用表法

用万用表测量电路各点的直流电压，若有电压说明该测试点至电源间的电路畅通；若无电压，说明该测试点与上一个测试点之间的电路断路。另外，通过万用表对电路或元器件的各项参数进行测试，并与正常技术状态的参数对比，可判断故障部位所在。例如就车测量蓄电池的充电电流与端电压，判断充电电路是否充电；测量电气部件中线圈绕组的电阻值，判断绕组有无断路或短路；测量引线两端间的电阻，判断电路有无断路等。万用表检测法是检测电路或元件较为准确迅速的一种方法。

7. 示波器法

示波器是唯一能即时显示波形的测试仪器。利用示波器检测部件的动态波形（数据），与标准波形相比较，可以判断部件或电路是否有故障。

8. 高压试火法

高压试火法是利用汽车高压电检查某些电器部件的方法，其中最常见的是检查分火头是否损坏。方法是：将分火头插孔与分火线约距5mm，然后用螺钉旋具拨动断电器触点，若分火头内不跳火，说明分火头完好无损。反之，则说明分火头已损坏。

当发动机工作不良或少数气缸不工作时，可将高压分缸线火花塞端取下，距离火花塞5~7mm试火。若发动机工况好转，表明该缸工作失常。在试火过程中，还可以通过观察高压火花的强、弱、无火等现象来判断点火系统的工作是否正常。

9. 仪器法

随着汽车电气设备的日趋复杂，在维修中，特别是维修装有电气设备较多的汽车时，使用一些专用的仪器是十分必要的。例如检测大众轿车电控系统时，经常使用 V. A. G1552 诊断仪读取故障码和进行基本设定。

10. 模拟法

有时当汽车送去维修时，故障并不出现，因此必须模拟故障发生时的条件。模拟法应用于对各种传感器、控制器、指示机构、插接器等的判断。实质上就是怀疑电路中某些元器件有故障，进行发生条件模拟验证后诊断故障。

（1）汽车振动模拟　某些故障发生在当汽车行驶在粗糙路面上或发动机振动时。在这种情况下，应模拟相应情况下的振动（图6-12）。

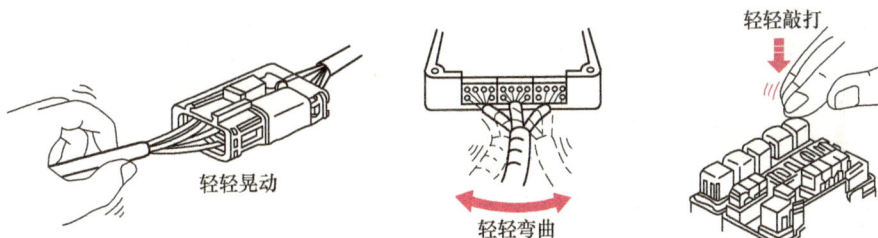

轻轻晃动　轻轻弯曲　轻轻敲打

图6-12　模拟振动

（2）热敏感性（温度）模拟　某些故障发生在炎热天气或汽车温度达到一定高度时，在这种情况下，要想确定电器元件是否热敏感，应用加热枪或类似的工具加热该元件。注意：不要将电器元件加热到60℃以上。

（3）浸水模拟　某些故障只发生在高湿度或雨雪天气，在这种情况下，可以通过浸湿汽车或将汽车驶过清洗机来模拟故障情况。注意：不得将水直接喷在电器元件上。

（4）电负载模拟　某些故障也可能对电负载敏感，在这种情况下，将所有附件（包括空调、后车窗除雾器、收音机、前照灯等）全部打开，然后进行诊断。

（5）冷起动或热起动模拟　在某些情况下，只有当汽车冷起动时才会发生电器故障，或在汽车短暂熄火后热起动时才会发生。

11. 检测电压法

可利用万用表检测电路各接点的电压大小来确定断路的部位。断路的电压检查法如图6-13所示，图6-13为一电子控制电路，ECU输出电压为5V。

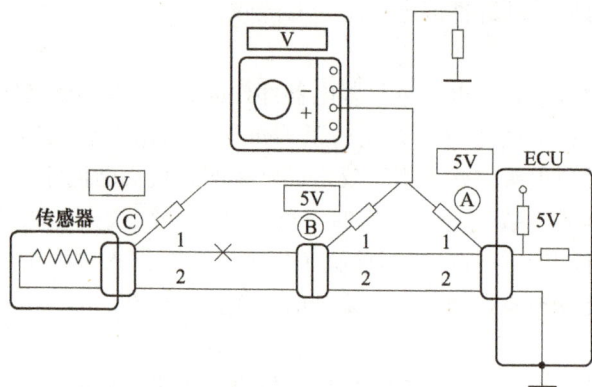

图6-13 断路的电压检查法

12. 短路故障和搭铁故障的检测方法

（1）短路故障的检测 短路故障的检测如图6-14所示，脱开插接器A和C，测量插接器A端子1与端子2之间的电阻。若测量的电阻值为0，则1号导线与2号导线间发生短路故障；若测的电阻值正常，则1号导线与2号导线之间无短路，表明电路连接正常。

（2）搭铁故障的检测 搭铁故障的检测如图6-15所示，如果导线搭铁，可通过检查导线与车身是否导通来判断短路的部位。

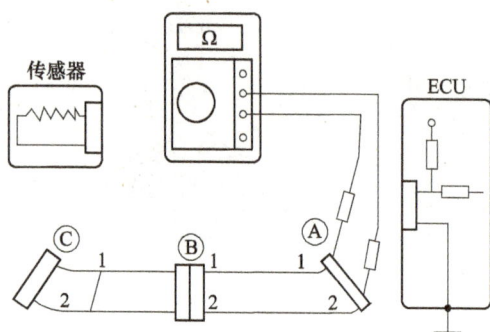

图6-14 短路故障的检测

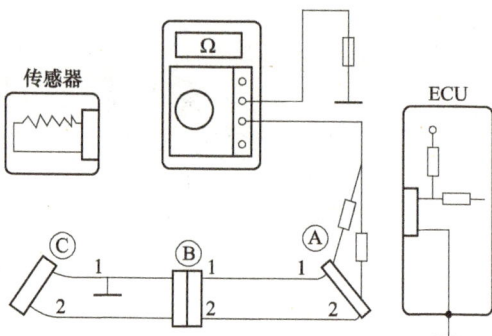

图6-15 搭铁故障的检测

二、检修故障应注意事项

1）更换烧坏的熔丝时，应使用相同规格的熔丝。使用比规定容量大的熔丝会导致电器损坏或引发火灾。

2）拆开插接器时，首先要解除闭锁，然后把插接器拉开，不允许在未解除闭锁的情况下用力拉导线，这样会损坏闭锁装置或连接导线。

3）不允许使用欧姆表及万用表的R×10以下低阻欧姆档检测小功率晶体管，以免电流过载损坏晶体管。

4）拆卸和安装电器元件时，应切断电源。

5）拆卸蓄电池时，应先拆下负极电缆；安装蓄电池时，最后连接负极电缆。拆装蓄电池电缆时，应确保点火开关或其他开关都已断开，否则会导致半导体元器件的损坏；切勿颠倒蓄电池接线柱的极性。

6）在进行维护和维修时，若作业温度超过 800℃（如进行焊接时），应先拆下对温度敏感的零件（如 ECU）。

7）靠近振动部件（如发动机）的线束部分应用卡子固定，将松弛部分拉紧，以免由于振动造成线束与其他部件接触。

三、汽车电路的检修

1. 熔丝的更换

熔丝熔断后，一般用观察法便可发现。对于较隐蔽的故障，可用万用表或试灯进行检查。熔丝更换时，应注意以下几点：

1）熔丝熔断后，必须找到电路故障的真正原因，彻底排除故障隐患。

2）更换熔丝时，应使用原规格的熔丝，不可随意加大熔丝的容量。

3）在汽车增加用电设备时，不要随意改用容量大的熔丝。对于这种情况，最好另安装熔丝。

4）熔丝支架与熔丝接触不良会产生发热现象。应注意检查熔丝支架有无脏污和氧化物，如有，则必须用细砂纸打磨光，使其接触良好。

2. 插接器的检修

在检查电路的电压或导通情况时，一般不必脱开插接器，只用万用表两表笔插入插接器尾部的线孔内进行检查即可。

（1）普通插接器的检修　修理中如果需要更换导线或取下插接器接线端子，应先把插接器、插座分开。取出插接器接线端子的方法如图 6-16 所示，用专用工具（或小螺钉旋具）插入插接器或插座的尾部的线孔内，撬起接线端子的锁紧凸缘，并将电线从后端拉出。

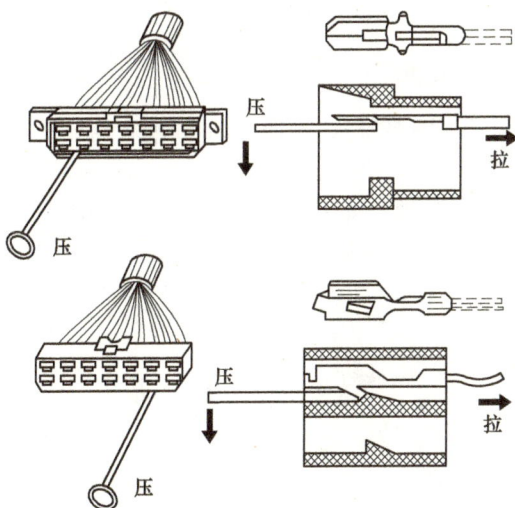

图 6-16　取出插接器接线端子的方法

在新接线端子安装前，首先检查接线端子的锁紧凸缘是否正常，如不正常可按图 6-17 所示检查调整接线端子的锁紧凸缘的方法进行调整；安装时，确认是否锁紧，将带接线端子的导线推入，直至接线端子被锁住为止，然后再按图 6-18 所示安装接线端子的方法向后拉动导线。

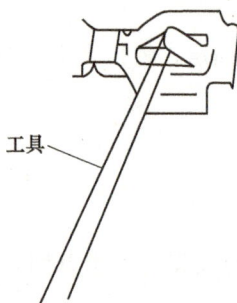

图 6-17　检查调整接线端子的锁紧凸缘

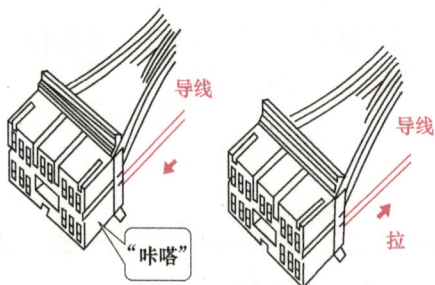

图 6-18　安装接线端子

（2）带锁定楔插接器的检修

1）拆卸锁定楔（图 6-19），用尖嘴钳直接拔出锁定楔。

2）拆下导线（图 6-20），用专用工具将锁片从触针上移开，松开锁片，拉出导线。

a)　　　　　　　b)

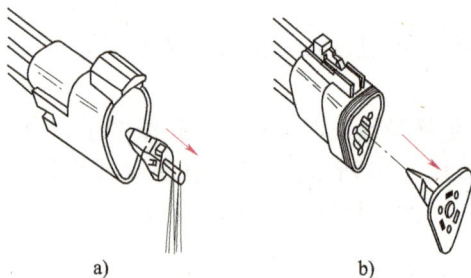

图 6-19　拆卸锁定楔

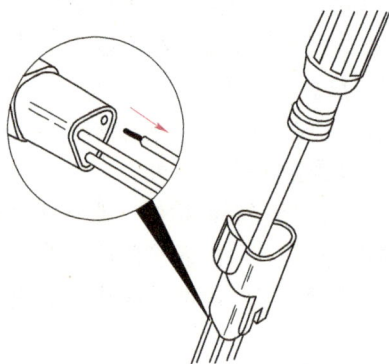

图 6-20　拆下导线

3）截取导线和接线端子（图 6-21），截取 120mm 左右的导线及接线端子，剥去 6mm 绝缘层。

4）维修导线（图 6-22），把裸线伸入对接式插接器中，用压线钳将导线压紧。

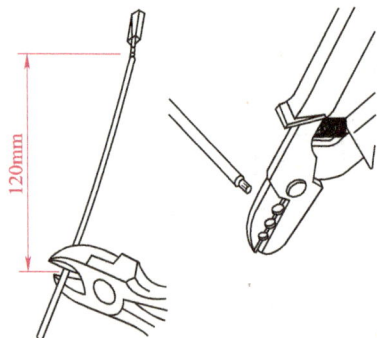

图 6-21　截取导线和接线端子

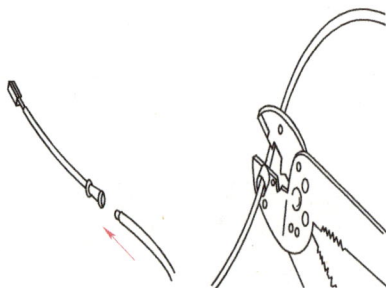

图 6-22　维修导线

5）加热收缩热缩管（图 6-23），将热缩管套入导线的维修处，用热风枪加热收缩热缩管。

6）将导线和锁定楔重新装入插接器（图6-24），并把锁定楔安装到位。

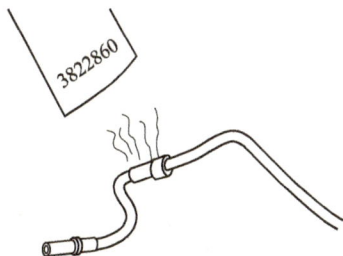

图 6-23 加热收缩热缩管

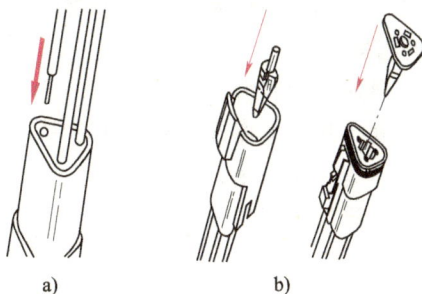

a)   b)

图 6-24 将导线和锁定楔重新装入插接器

3. 易熔线的更换

易熔线熔断后必须更换，其具体更换步骤如下：

1）拆下蓄电池的负极电缆。

2）拆下旧易熔线。

3）在导线侧割断损坏的易熔线。

4）更换易熔线（图6-25），将原规格新易熔线按要求连接好。

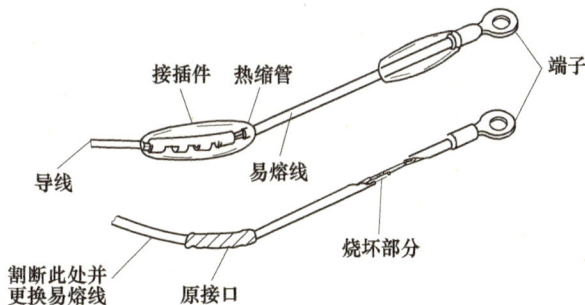

图 6-25 更换易熔线

── 课后练习 ──

一、选择题

1. 电流表是用来_____的一种仪表，通常用符号____表示，按测量电流性质的不同，可分为____、____两种。

2. 电压表是_____的一种仪表，通常用符号____表示，其特点是内阻较大。按测量电流性质的不同，可分为_____、_____两种。测量时应将电压表同被测电路_____。

3. 12V测试灯（图6-3）由_____、_____及各种型号端头组成。它主要是用来检查系统电源电路是否给电气部件提供_____。

4. 排除故障时，一般遵循如下原则：_____—核实故障—分析判断—_____—落实故障点—排除故障—＿＿＿＿＿＿—记录总结。

5. 直观检查是利用人的直观感觉，采用＿＿＿、＿＿＿、＿＿＿、＿＿＿、＿＿＿的方法直接查明故障原因，缩小故障查找的范围的方法。

二、问答题

1. 汽车电压波动有哪些？

2. 电器间干扰对电器设备有哪些危害？

3. 跨接线有什么作用，怎么使用？

4. 什么是试灯法？

主流车型电路图的分析

项目说明

现代汽车电气设备越来越多，电气电路越来越复杂，这就要求必须能够读懂汽车电路图，才有可能对汽车电气设备进行维修。各制造厂商绘制的电路图不尽相同，但识图原则相同。在掌握典型车系识读方法的基础上，对其他车系的电路图就可以触类旁通。

项目目标

1. 掌握汽车电路图的表达方法及其特点。
2. 掌握汽车电器的组成、控制元件及电路图。
3. 学会在电路图中查找各组成部件。
4. 初步掌握典型车系的全车电路图的分析方法。
5. 能正确分析汽车电路图。
6. 能运用原车电路图分析和查找电路故障。

任务一 分析大众汽车电路图

一、大众汽车电路图中符号的含义

在分析电路图前应先了解电路中各符号、线段、图形的含义。大众汽车电路图中表示各种电器元件的符号如图 7-1 所示。

二、导线

导线在图上以粗实线画出，集中在图的中间部分。每条线上都有导线的颜色、导线的截面积的标注。导线的颜色标记以字母表示，对应关系为：WS＝白色，SW＝黑色，RO＝红色，BR＝棕色，GN＝绿色，GR＝灰色，LI＝紫色，GE＝黄色。

三、大众汽车电路图的特点

1. 接点标记具有固定的含义

在大众汽车电路图中经常遇到接点标记的数字及字母，它们都具有固定的含义。如数字

熔断器	电磁阀
蓄电池	电动机
起动机	两档刮水器电动机
发电机	手动开关
点火线圈	热敏开关
分电器(机械式)	手动按钮开关
分电器(电子式)	机械控制开关
火花塞插头及火花塞	压力开关
加热器加热电阻	手动多档开关
热敏时控阀	可变电阻
暖风调节器附加空气阀	热敏电阻
电阻	继电器
二极管	继电器(电子控制式)
稳压二极管	速度传感器
发光二极管	多孔插接器
指针式仪表	白炽灯
电子控制器	线路分配器
指针式时钟	双灯丝白炽灯
数字式时钟	可拆式电路连接
多功能显示器	内饰灯
蜂鸣器	不可拆式电路连接
燃油指示器	点烟器
	在元件内部的连接
	后风窗玻璃加热装置
	电阻导线
	喇叭
	灯光调节电动机
	插接
	上止点传感器(感应式传感器)
	滑动触点

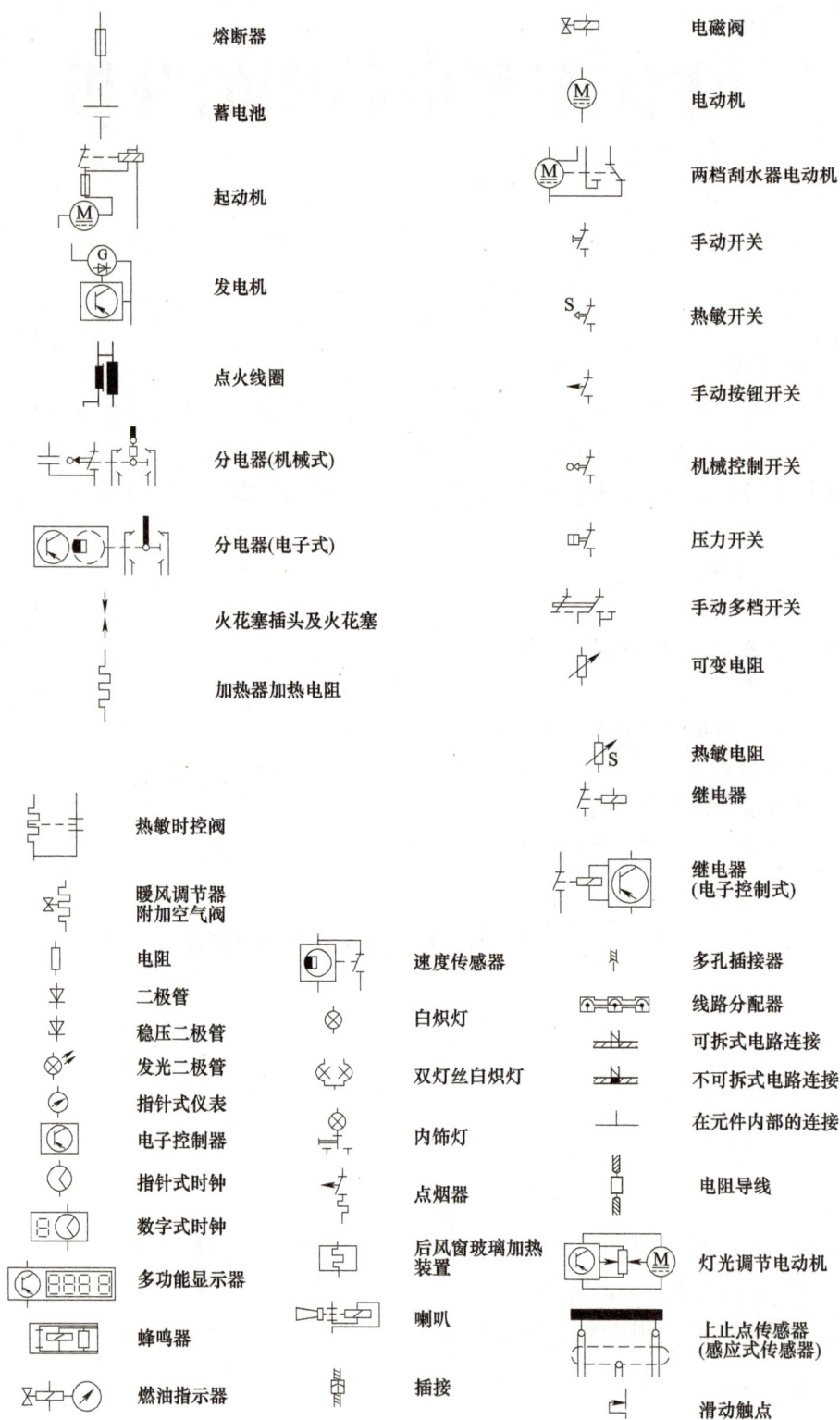

图 7-1　大众汽车电路图中表示各种电器元件的符号

30 代表的是来自蓄电池正极的供电线；数字 31 代表搭铁线；数字 15 代表来自点火开关的点火供电线；数字 50 代表点火开关在起动档时的起动供电线；X 代表受控的大容量用电设备供电线等。无论这些标记出现在电路的什么地方，相同的标记都代表相同的接点。

2. 所有电路都是纵向排列，不互相交叉

大众汽车电路图采用了断线代号法来处理电路复杂交错的问题。例如，假设某一条电路的上半段在电路续号为 116 的位置上，下半段电路在电路续号为 147 的位置上。这时在上半段电路的终止处画一个标有 147 的小方格，在下半段电路的开始处也有一小方格，内标有 116，通过 116 和 147 就可以将上、下半段电路连在一起了。

3. 整个电路以中央配电盒为中心

大众汽车电路图在表示电路走向的同时，还表达了电路的结构情况。中央配电盒的正向插有各种继电器和熔断器。在电路图上的继电器标有 4/49、3/49a 等数字。其中分子数 4、3 是指中央配电盒插孔代号，分母 49、49a 是指继电器的插脚代号。4/49 就表示出了继电器插脚与插孔的配合关系。

大众汽车电路图的范例如图 7-2 所示。其说明如下：

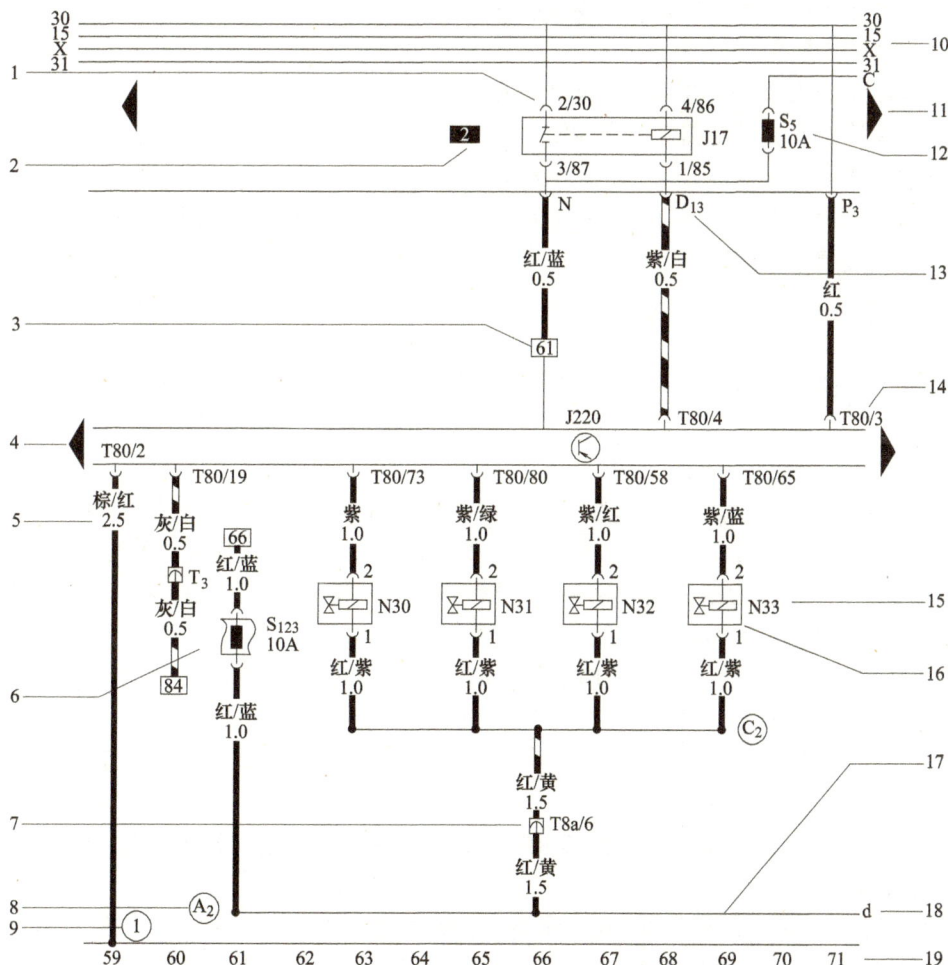

图 7-2　大众汽车电路图的范例

1—继电器或控制器与继电器板的接线端子代号。"2/30"表示继电器板上该继电器插座的 2 号插孔，"30"表示继电器上的 30 号接线端子。

2—继电器位置编号。

3—指示电路中断点。

4—箭头表示该电器元件续接上一页电路图。

5—导线的颜色。"棕/红"表示导线底色是棕色带有红色条纹。

6—熔丝的代号。

7—插接器。

8—线束内铰接点代号，在电路图下方可查到该铰接点位于哪个线束内。图 7-2 中 A$_2$ 表示正极接线，在发动机线束内。

9—搭铁点代号，在电路图下方可查到该代号的搭铁点在汽车上的位置。

10—电路代码。

11—箭头表示接下一页电路图。

12—熔丝代号。

13—表示导线在汽车配电盒上的连接位置代号。

14—接线端子代号。

15—电器元件代号，在电路图后可查到元件的名称。

16—元件符号（参见电路图符号说明）。

17—内部连接（细实线）。该连接不是导线而是表示元件的内部电路或线束铰接部分。

18—字母表示该内部连接与下一页电路图中标有相同字母的内部连接相连。

19—电路接续号，用以标志电路图中电路定位。

四、大众汽车电路图实例分析

捷达轿车电路如图 7-3 所示。电源系统主要由蓄电池、起动机、发电机、点火开关组成。

1. 蓄电池

蓄电池用 A 表示。负极搭铁，若用①表示，则搭铁点在车身上；若用②表示，则搭铁点在变速器上。这两条搭铁线较粗，截面积为 25mm^2。另一个搭铁点用 119 表示，在前照灯线束内，线直径 4mm，为棕色线。还有一个搭铁点在晶体管点火系统控制单元，位置在压力通风舱左侧，线直径 1.5mm，为黑/棕两色线。

蓄电池的正极与起动机接点 30 用粗线连接，是用来向起动机供大电流的。同时通过接点 30 用一根直径 6mm 的红色线与发电机的 B+端连接，属充电电路的一部分。还有一条直径 6mm 的红线与 Y 插接器的第 3 个接点连接，以 30 线表示，向其他用电设备供电。

蓄电池的正极与起动机接线端子 30 用粗线连接，是用来向起动机供大电流的。

2. 起动机

起动机用 B 表示。接续号 5、6 表示自身内部搭铁。接点 30 如前述。接点 50 用直径 4mm 的红/黑两色线与 F 插接器第一个接点连接，并通过插接器 H1 的接点 1 与点火开关接点 50 连接，组成起动机电磁开关的控制电路。

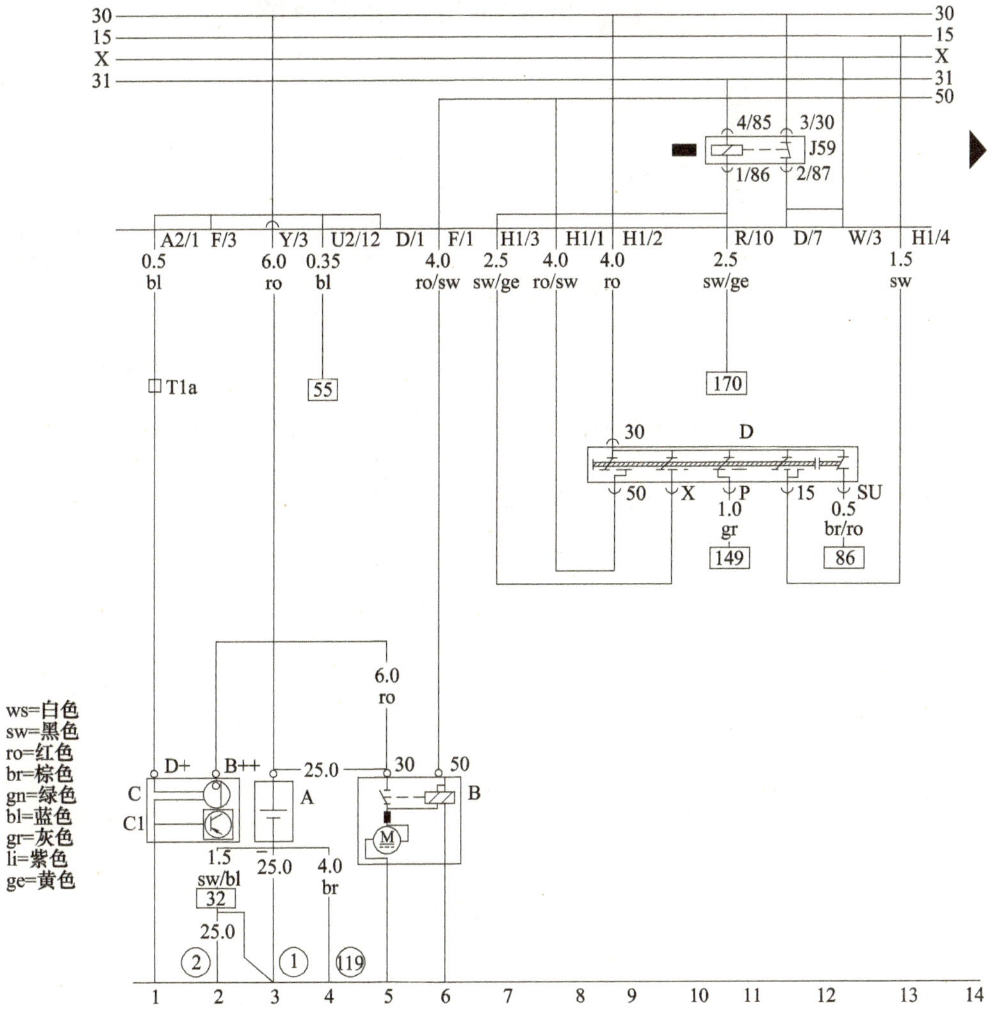

30

15

X

31

30

15

X

31

50

| 4/85 | 3/30 | J59 |
| 1/86 | 2/87 | |

| A2/1 | F/3 | Y/3 | U2/12 | D/1 | F/1 | H1/3 | H1/1 | H1/2 | R/10 | D/7 | W/3 | H1/4 |
| 0.5 bl | | 6.0 ro | 0.35 bl | 4.0 ro/sw | 2.5 sw/ge | 4.0 ro/sw | 4.0 ro | | 2.5 sw/ge | | | 1.5 sw |

□T1a　　55

| 170 |

30　　　　D

50　X　P　15　SU

1.0 gr　　0.5 br/ro

| 149 |　| 86 |

6.0 ro

ws=白色
sw=黑色
ro=红色
br=棕色
gn=绿色
bl=蓝色
gr=灰色
li=紫色
ge=黄色

D+　B++　25.0　　30　50

C　　　　A　　　B

C1　　　　M

1.5 sw/bl　25.0　4.0 br

| 32 |

25.0

② ① ⑲

1　2　3　4　5　6　7　8　9　10　11　12　13　14

图 7-3　捷达轿车电路

3. 发电机

发电机用 C 表示。发电机电压调节器用 C1 表示。发电机的 D+ 端子，通过一个单孔插头 T1a 与插接器 A2 的 1 号接点连接。T1a 的安装位置在蓄电池附近。接续号 1 表示内部搭铁。

4. 点火开关

点火开关用 D 表示。点火开关有 6 个接点：接点 SU 用 0.5mm² 棕/红双色线，通过在中央配电盒后面的单孔插接件 T1b 与收放机上的 8 孔插接件 T8 的第 4 个接点连接，用来控制收音机电路。接点 X 用 2.5mm² 黑/黄双色线，经 H 插接器 1 号接点、4 号继电器 1 号接点与 X 相连。其中 4 号继电器 1 号接点上标示的 86 表示与继电器控制器上触点 86 相接。卸荷继电器 J59 工作时，X 线使接点 30 相通得电。接点 50 是起动机控制线。

任务二 分析通用汽车电路图

一、通用汽车电路图中符号的含义

通用汽车电路图中各种符号的含义见表7-1。

表7-1 通用汽车电路图中各种符号的含义

符 号	说 明	符 号	说 明
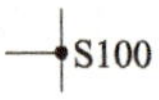 S100	接头	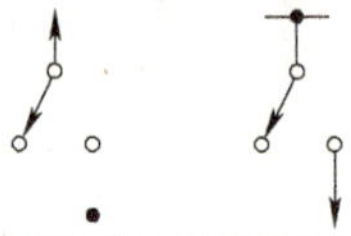	输入/输出开关
 P100	贯穿式密封圈		晶体
 G100	搭铁		加热电阻丝
	壳体搭铁		电磁阀
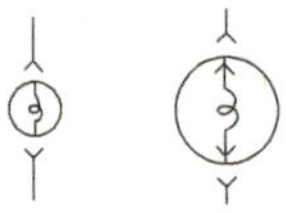	单丝灯泡		天线
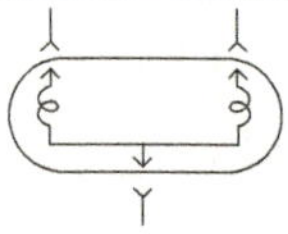	双丝灯泡		屏蔽
	发光二极管		开关
	电阻	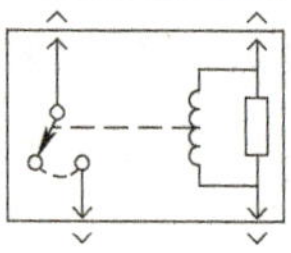	单级单触点继电器
	可变电阻	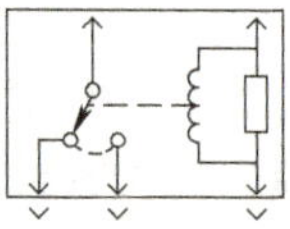	单级双触点继电器
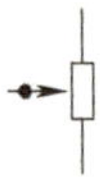	位置传感器		
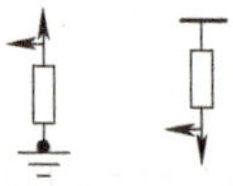	输入/输出电阻		

二、汽车位置分区代码

通用汽车电路图上所有的搭铁、插接器、贯穿式密封圈和插头都给定了识别代码，并与其在汽车上的位置相对应，其汽车位置分区代码见表7-2。

表7-2　汽车位置分区代码

车辆位置分区代码	区 位 说 明
100～199	发动机舱（全部在仪表板前部）001～099代表发动机舱内附加号（仅在使用完所有100～199后使用）
200～299	位于仪表板区域内
300～399	乘员室（从仪表板到后车轮罩）
400～499	行李舱（从后轮罩到车辆后部）
500～599	位于左前车门内
600～699	位于右前车门内
700～799	位于左后车门内
800～899	位于右后车门内
900～999	位于行李舱盖或储物舱盖

三、通用汽车电路图的组成

通用汽车电路图通常由四类电路图组成，它们分别是：电源分配简图（图7-4）、熔丝详图（图7-5）、系统电路图（图7-6）和搭铁电路图（图7-7）。

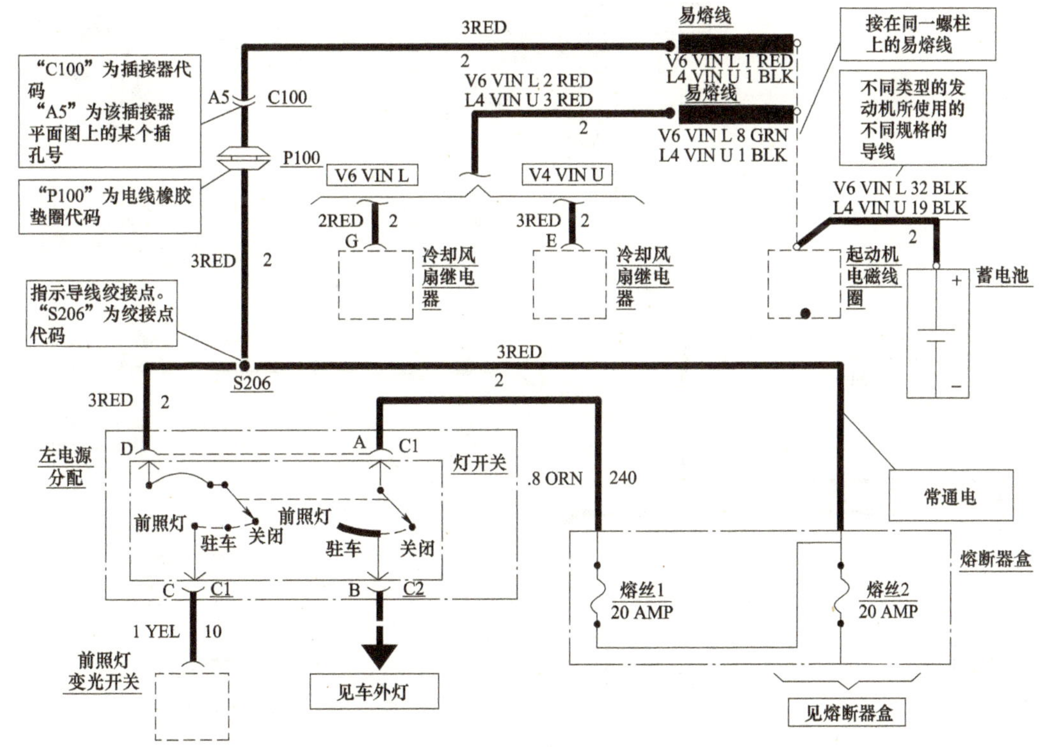

图7-4　电源分配简图

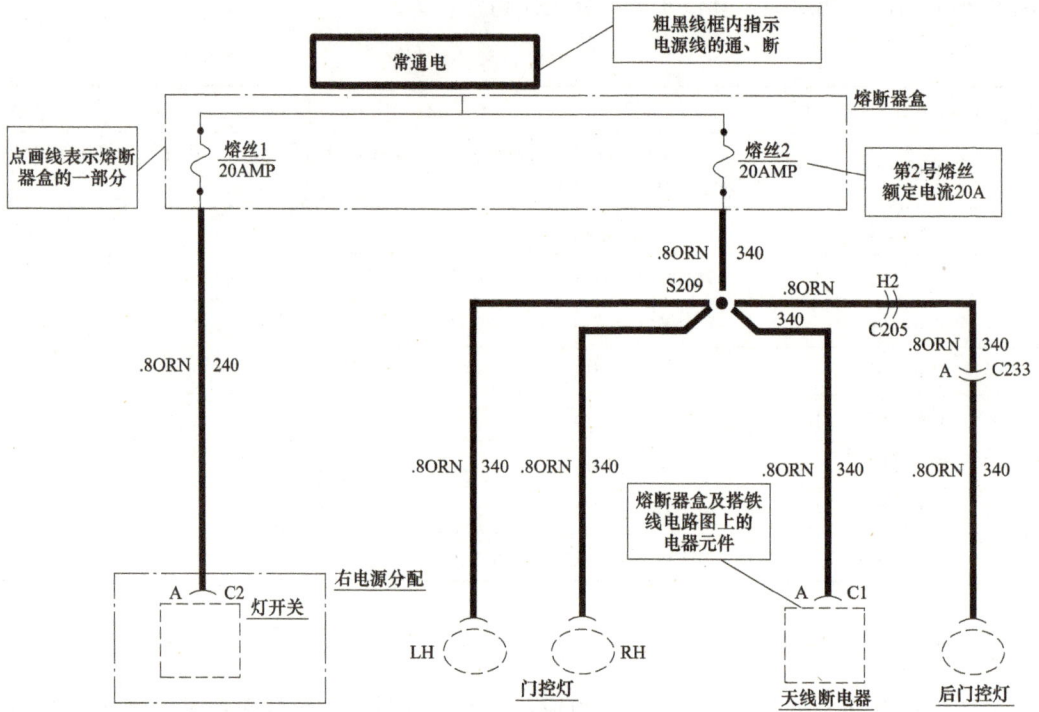

图 7-5　熔丝详图

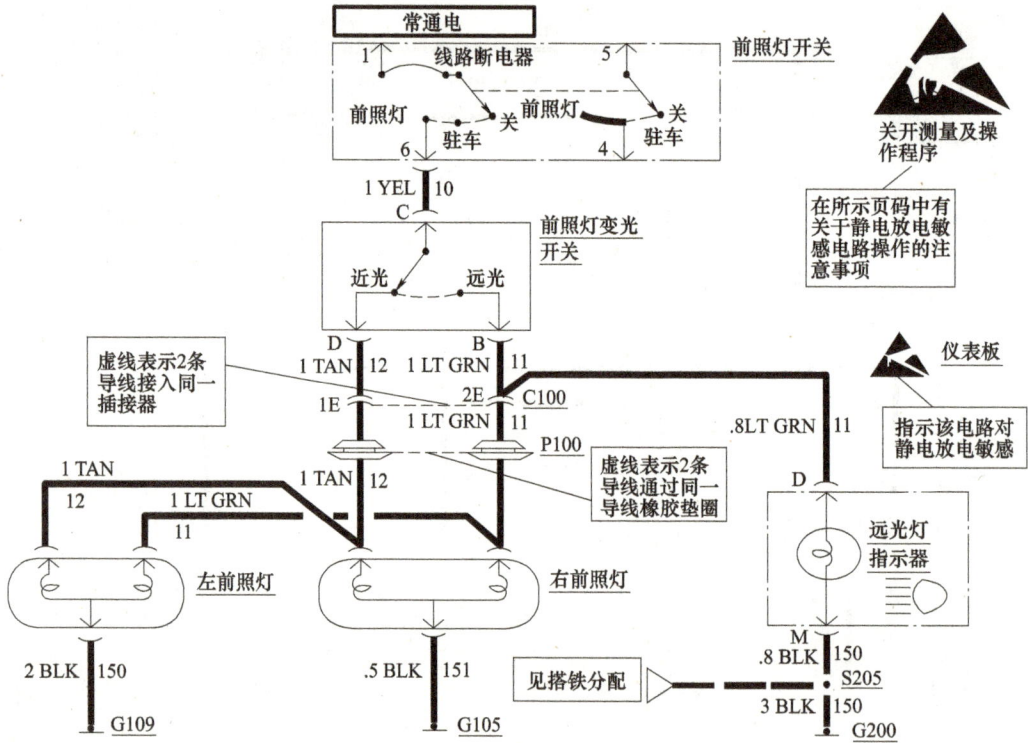

图 7-6　系统电路图

左前驻车/转向灯　左远光前照灯　左双光束前照灯　右前驻车/转向灯　右远光前照灯　右双光束前照灯

熔断器盒及搭铁电路图上的双灯丝灯泡

熔断器盒及搭铁电路图上的单灯丝灯泡

.8 BLK 150　　.8 BLK 150　　.8 BLK 150　　.8 BLK/WHT 151　　.8 BLK/WHT 151

.8 BLK 150　　.8 BLK/WHT 151

电路标志：
".8"表示导线规格（截面积为0.8mm²）；
"BLK"为导线颜色（黑色）；"BLK/WHT"为导线颜色（黑底白条）；"150""151"等为电路代码

S100　　S105

.8 BLK 150　　.8 BLK/WHT 151

G101　　G102

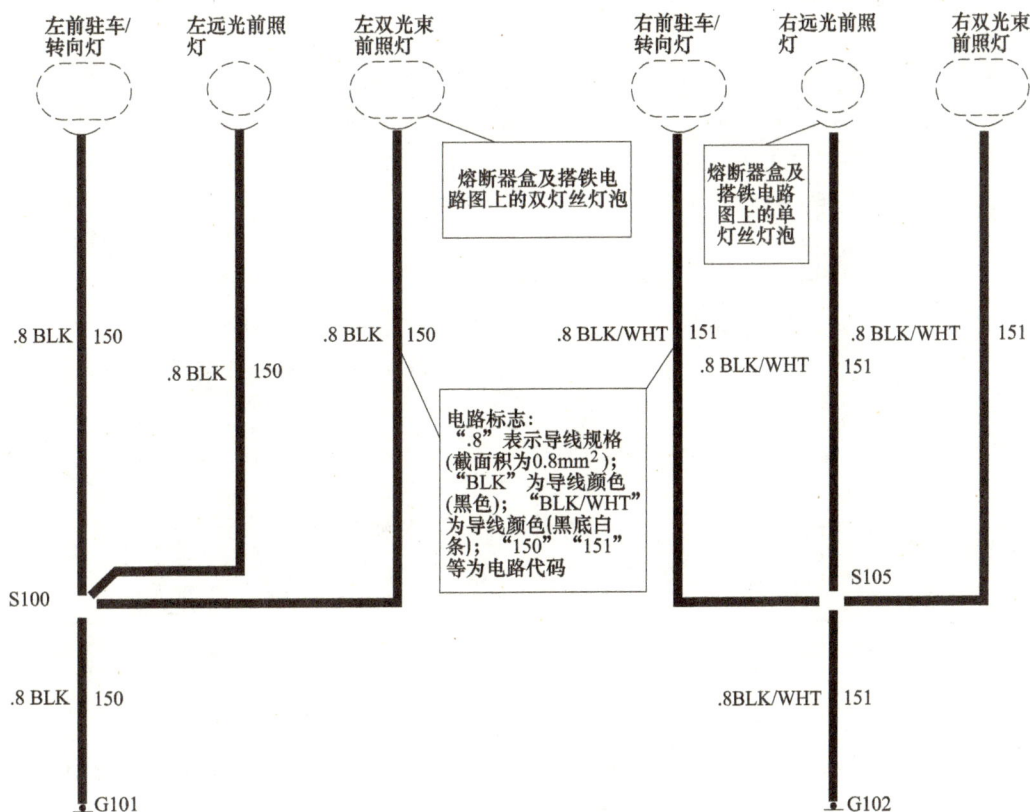

图7-7　搭铁电路图

四、通用汽车电路图实例

（一）上海别克轿车自动变速器控制电路图的表示方法

上海别克轿车自动变速器控制电路如图7-8所示，图中说明如下：

1—"运行或起动发热"表示电路在点火开关处于点火或起动档时有电，电压为蓄电池工作电压。

2—27号10 A的熔丝。

3—虚线框表示没有完全表示出接线盒所有部分。

4—导线由发动机舱盖下熔丝接线盒的C2连接插接器的E2插脚引出，连接插接器编号C2写在右侧，插脚编号E2写在左侧。

5—符号和P100表示贯穿式密封圈，其中P表示密封圈，100为其代号。

6—"0.35粉红色"表示导线截面积为0.35mm²，线的颜色为粉红色。数字"339"是汽车位置分区代码，表示该线束位置在乘客室。

7—TCC（液力变矩器中的锁止离合器控制）开关，图中表示TCC处于接通状态，其开关信号经过P101和C101，由动力控制模块（PCM）中的C1插接器30号插脚进入PCM中。

8—直列型插接器，右侧"C101"表示连接插接器编号（其中C表示连接插接器），左侧"C"表示直列型插接器的C插脚。

135

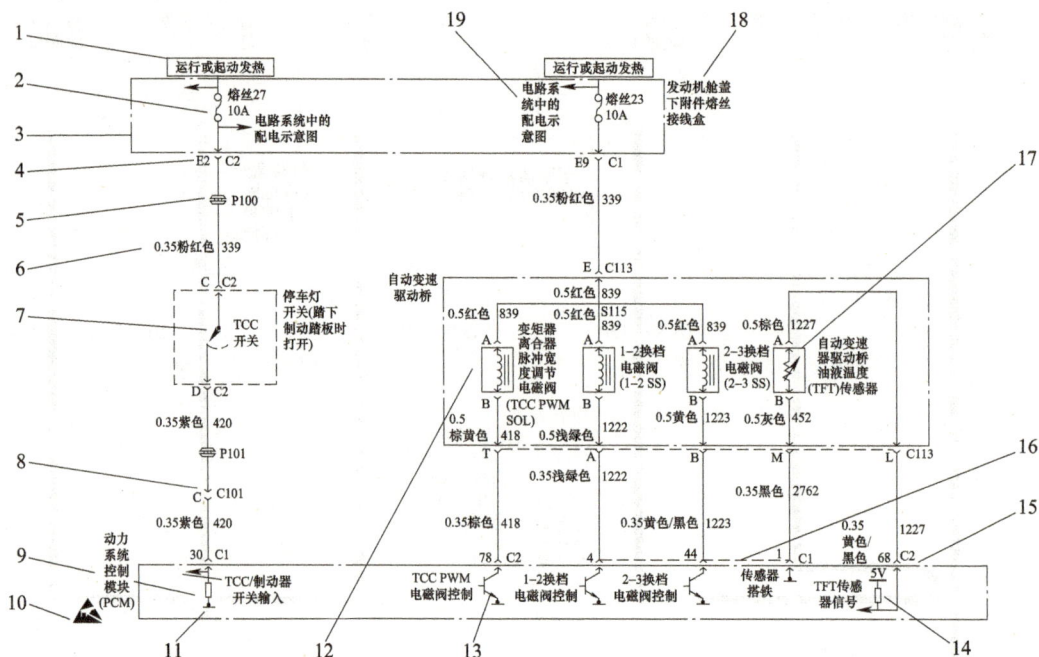

图 7-8　上海别克轿车自动变速器控制电路图

9—输出电阻器，这里用来把 TCC 和制动灯开关的信号以一定的电压信号的形式输出给动力控制模块（PCM）的内部控制电路。

10—动力控制模块（PCM）是对静电敏感的部件。

11—符号表示搭铁。

12—单个元件框。

13—控制单元中的控制器。

14—控制单元中的上拉电阻。

15—控制器插接器端子。

16—控制器同一个插接器中的多个端子。

17—执行器上的插接器端子。

18—配电盒总成。

19—来自于 ON 档供电。

（二）　上海别克轿车冷却风扇控制电路的分析方法

上海通用别克轿车冷却风扇控制电路如图 7-9 所示，下面以此为例来介绍一下通用汽车电路图的分析方法。

冷却风扇由两个熔丝（6 号 40A 和 21 号 15A）分别向发动机冷却风扇供电。冷却风扇熔丝位于发动机舱盖下附件熔丝接线盒（图 7-10）内（图中 6 号和 21 号）。

1. 冷却风扇低速工作时的电路

PCM 控制继电器 12 的电磁线圈通电。其电路为所有时间热（与电源直接连接）→熔丝 6 →继电器 12→PCM 的低速风扇控制电路搭铁。于是，继电器 12 的线圈中有电流通过，控制继电器 12 触点闭合，向冷却风扇电动机供电。

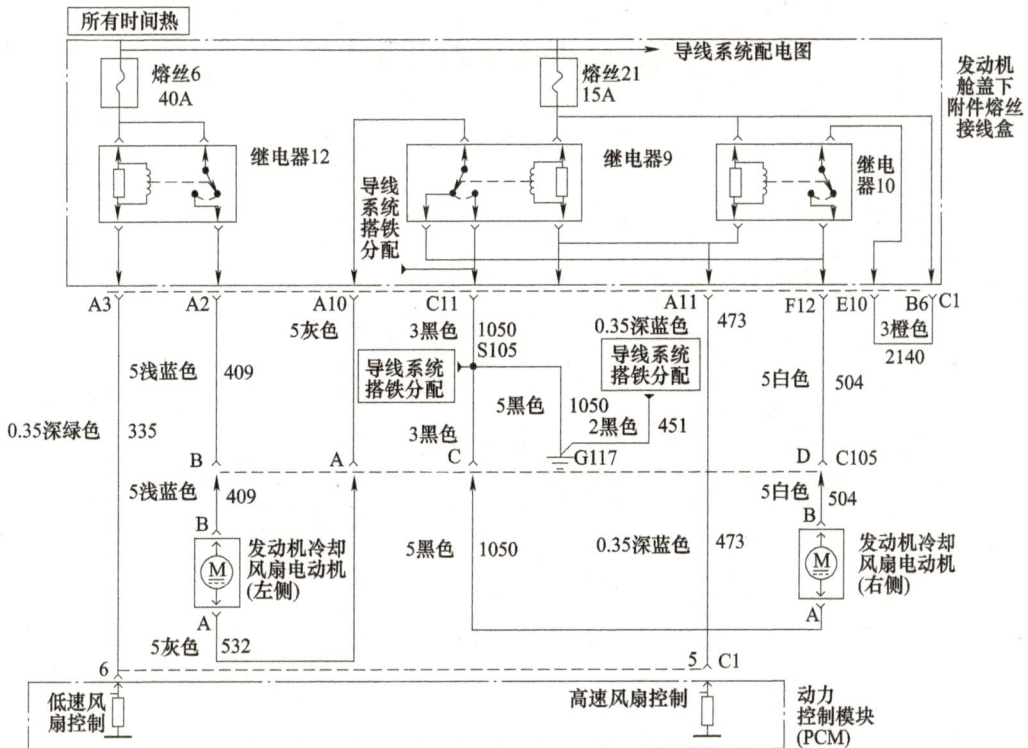

图7-9 上海通用别克轿车冷却风扇控制电路

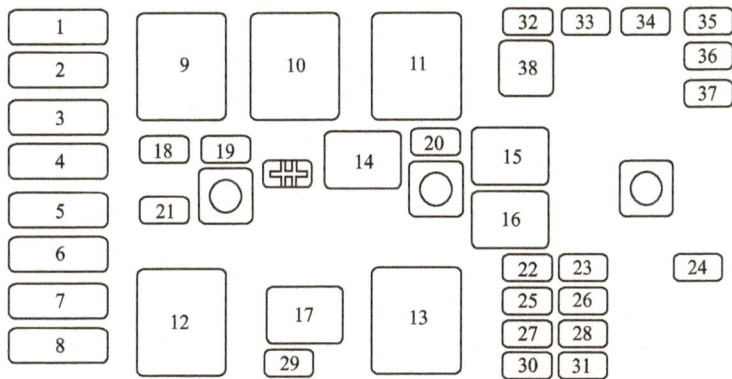

图7-10 发动机舱盖下附件熔丝接线盒

2. 冷却风扇高速工作时的电路

PCM首先经低速风扇控制电路对继电器12提供搭铁路径。经3s延时后，PCM经高速风扇控制电路为继电器9和继电器10提供搭铁路径。左侧冷却风扇电动机继续由熔丝6提供电流。但熔丝21(15A)为右侧冷却风扇电动机提供电流。各冷却风扇接收不同的搭铁路径。因此，冷却风扇高速运行。左侧冷却风扇电动机电流通路为所有时间热（与电源直接连接）→熔丝6→继电器12→左侧的冷却风扇电动机→继电器9的触点→导线系统搭铁分配器搭铁。右侧冷却风扇电动机电流通路为所有时间热（与电源直接连接）→熔丝21→继电器10的触点→右侧的冷却风扇电动机→导线系统搭铁分配器搭铁。

137

任务三 分析比亚迪 E5 电路图

一、比亚迪 E5 电路元件识别

比亚迪 E5 低压电器组件如图 7-11 所示。

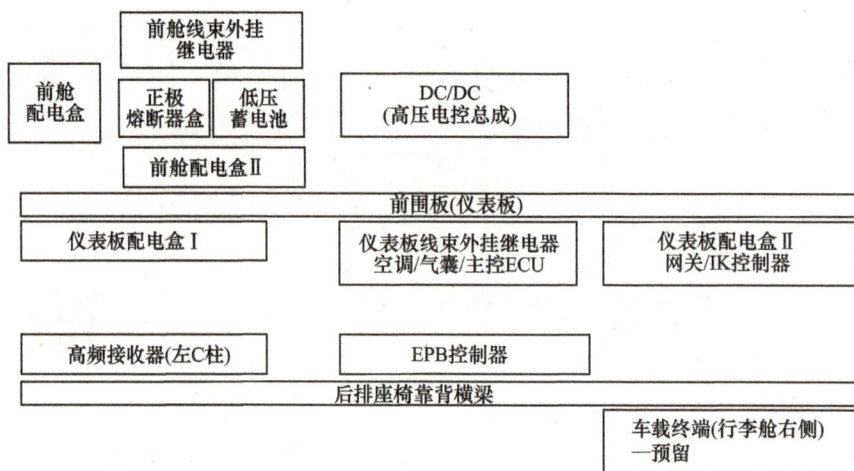

		前舱线束外挂继电器			
前舱配电盒	正极熔断器盒	低压蓄电池	DC/DC(高压电控总成)		
	前舱配电盒Ⅱ				

前围板(仪表板)

仪表板配电盒Ⅰ	仪表板线束外挂继电器空调/气囊/主控ECU	仪表板配电盒Ⅱ网关/IK控制器

高频接收器(左C柱)	EPB控制器

后排座椅靠背横梁

车载终端(行李舱右侧)—预留

图 7-11　比亚迪 E5 低压电器组件

二、比亚迪 E5 电路识图

1. 插接器的编码规则 （图 7-12）

插接器编码由3部分组成，分为3种类型；

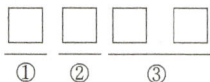

① ② ③

第一位位置	第二位类别	第三位排序
线束代码(字母)	线束对接编号J	插接器编号(数字)
	空	
	配电盒代码	配电盒端口(字母)

图 7-12　比亚迪 E5 插接器的编码规则

2. 插接器引脚导线识别

插接器自锁方向朝上，插接器引脚从左到右，从上到下进行编号。插接器插座引脚从右到左，从上到下进行编号。比亚迪 E5 插接器引脚导线识别如图 7-13 所示。

导线的识别主要有标准线、双绞线和屏蔽线三种。比亚迪 E5 线束类型见表 7-3，比亚迪 E5 屏蔽线如图 7-14 所示，比亚迪 E5 导线颜色见表 7-4。

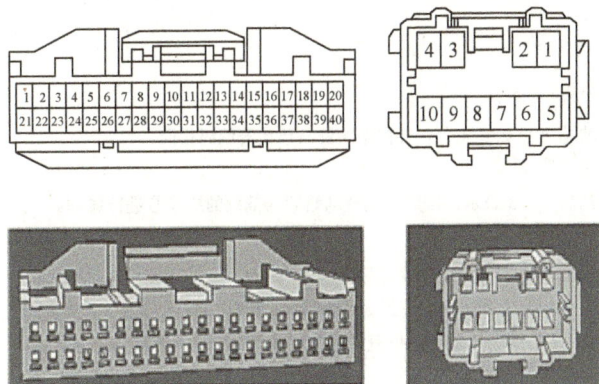

双色导线的线色布置如图：
A为主色，B为辅色

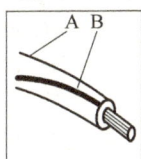

图 7-13　比亚迪 E5 插接器引脚导线识别　　**图 7-14　比亚迪 E5 屏蔽线**

表 7-3　比亚迪 E5 线束类型

线束类型	作用	图例	电路图中标示
标准线	用于一般情况的导线连接，无屏蔽要求		R/Y 1.25
双绞线	在低频情况下，双绞线可以靠自身来抗拒外来干扰及相互之间的串音，比如低速 CAN、扬声器		
屏蔽线	能够将辐射降低在一个范围内，或者防止辐射进入导线内部，造成信号干扰。比如音频信号线（屏蔽网搭铁）		

表 7-4　比亚迪 E5 导线颜色

记号	英文	颜色	记号	英文	颜色
W	WHITE	白色	Br	BROWN	棕色
Y	YELLOW	黄色	B	BLACK	黑色
O	ORANGE	橙色	Lg	LIGHT GREEN	淡绿色
L	BLUE	蓝色	G	GREEN	绿色
P	PINK	粉红色	Gr	GRAY	灰色
R	RED	红色	V	VIORET	紫色
Sb	SKY BLUE	天蓝色	/	丝图线的金属线	

139

3. 熔断器编号规则（图 7-15）

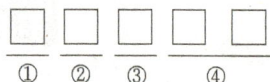

① 类别代码：统一采用 F 表示。
② 位置代码：配电盒处用数字表示；外挂熔断器与插接器编码相同。
③ 分隔代码：采用"/"表示。
④ 排序代码：采用1、2、3表示，按照配电盒的熔断器插槽的顺序号进行排列。

举例：

前舱配电盒附配的熔断器按相应位置编号为F1/1、F1/2。
仪表板配电盒附配的熔断器按相应位置编号为F2/1、F2/2。
仪表板配电盒II附配的熔断器按相应位置编号为F4/1、F4/2。
正极配电盒I附配的熔断器按相应位置为F5/1、F5/2。
正极配电盒II附配的熔断器按相应位置为F8/1、F8/2。
地板线束外挂熔断器按相应位置为FX/1、FX/2。

图 7-15　比亚迪 E5 熔断器编号

4. 继电器编号规则（图 7-16）

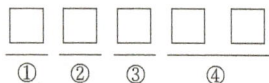

① 类别代码：元器件内置不可拆卸继电器的采用 KI 表示，其余采用 K 表示。
② 位置代码：配电盒处用数字表示；外挂继电器与插接器编码相同。
③ 分隔代码：采用"-"表示。
④ 排序代码：采用1、2、3表示。

举例：

前舱配电盒附配的继电器按相应位置编号为K1-1、K1-2。
仪表板配电盒附配的继电器按相应位置编号为K2-1、K2-2。
前舱配电盒II附配的继电器按相应位置编号为K3-1、K3-2。
仪表板配电盒II附配的继电器按相应位置编号为K4-1、K4-2。
外挂继电器编号随对应的线束，如KG-1、KG-2；KC1-1、KC2-1；KX-1。
控制模块内部不可拆卸继电器按相应顺序编号为KI1-1、KI1-2。

图 7-16　比亚迪 E5 继电器编号

任务四　分析福特汽车电路图

一、电路图基本信息

福特汽车电路图的基本信息（图 7-17）主要包括电路图概述、电路代码、颜色符号和元件符号等。

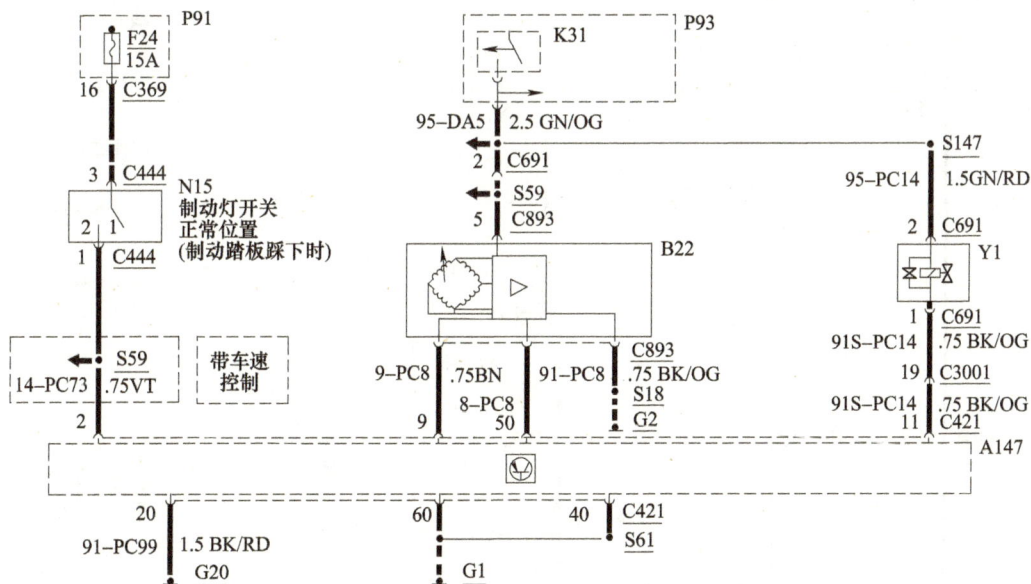

图 7-17　电路图的基本信息

二、电路图概述（图 7-18）

电路图中所示各组件间的连接和实车是相符合的，然而，应清楚地意识到，电路图上并没有展示出它们在实车上的组件和电路。在图中导线长度虽然不同，但是在示意图上是没有区别的。而且为帮助理解电路的工作原理，已经将复杂组件的内部电路进行了简化。

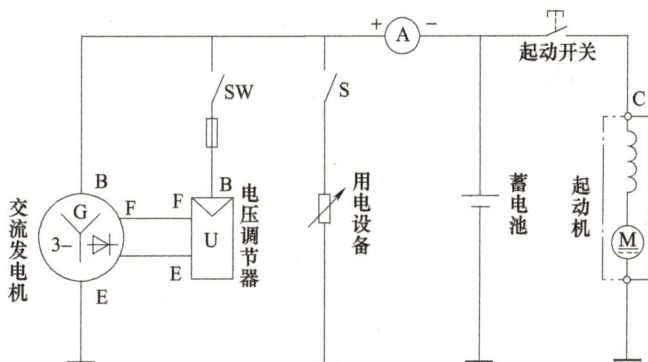

图 7-18　电路图概述

三、整体电路图

每一电路都应独立而完整地绘出，其他连接在该电路上的电器组件，除非对该电路有影响，可能未予绘出。

图 7-19、图 7-20 所示为电路图信息。

搭铁电路时，搭铁电路即为控制电路。

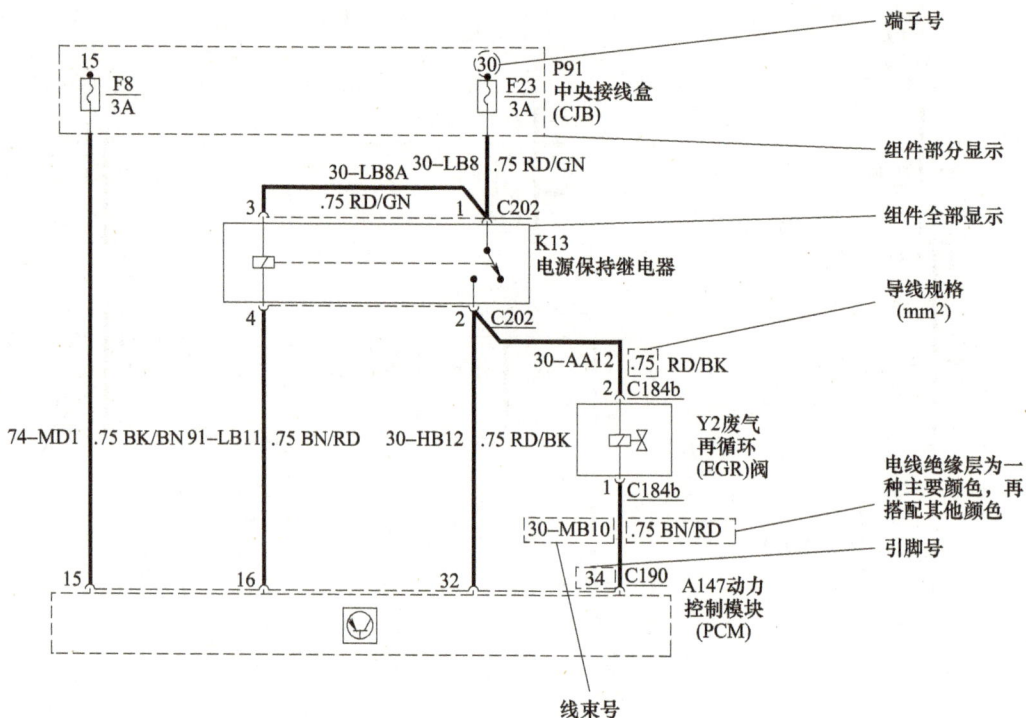

图 7-19 电路图信息 1

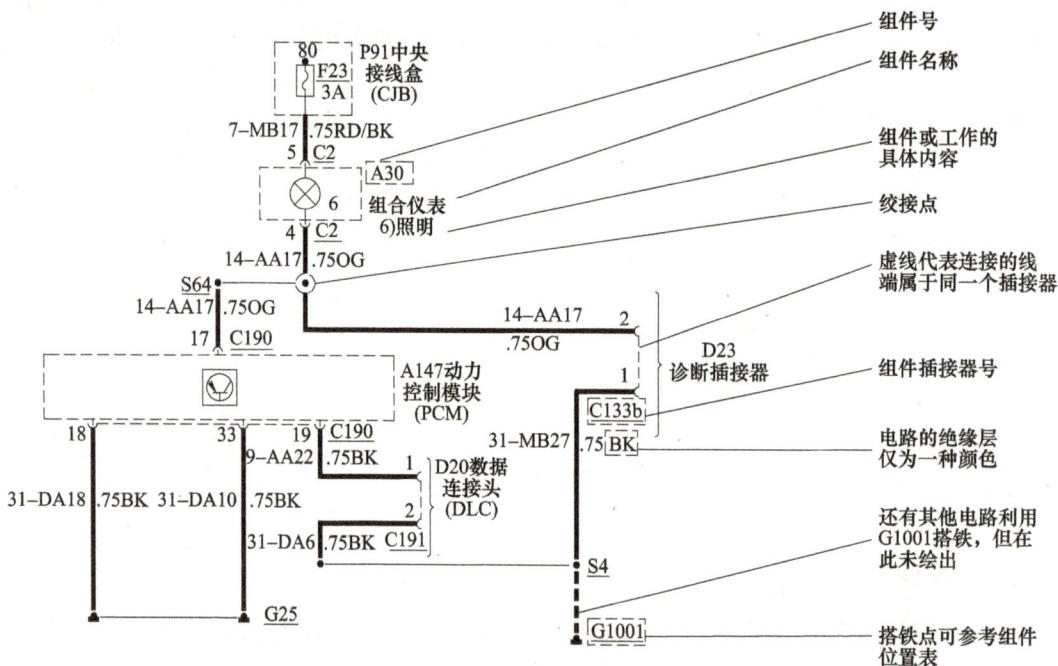

端子号
组件部分显示
组件全部显示
导线规格 (mm²)
电线绝缘层为一种主要颜色，再搭配其他颜色
引脚号
线束号

15 F8 3A
(30) P91 中央接线盒 (CJB) F23 3A
30-LB8A 30-LB8 .75 RD/GN
3 .75 RD/GN 1 C202
K13 电源保持继电器
4 2 C202
30-AA12 .75 RD/BK
2 C184b
Y2 废气再循环 (EGR) 阀
1 C184b
30-MB10 .75 BN/RD
34 C190
74-MD1 .75 BK/BN 91-LB11 .75 BN/RD 30-HB12 .75 RD/BK
15 16 32
A147 动力控制模块 (PCM)

图 7-20 电路图信息 2

80 P91 中央接线盒 (CJB) F23 3A
7-MB17 .75RD/BK
5 C2
A30 组合仪表 6) 照明
4 C2 6
14-AA17 .75OG
S64
14-AA17 .75OG
17 C190
A147 动力控制模块 (PCM)
14-AA17 2 .75OG
D23 诊断插接器
1
C133b
31-MB27 .75 BK
18 33 19 C190
9-AA22 .75BK 1 D20 数据连接头 (DLC)
31-DA18 .75BK 31-DA10 .75BK 2
31-DA6 .75BK C191
G25
S4
G1001

组件号
组件名称
组件或工作的具体内容
绞接点
虚线代表连接的线端属于同一个插接器
组件插接器号
电路的绝缘层仅为一种颜色
还有其他电路利用 G1001 搭铁，但在此未绘出
搭铁点可参考组件位置表

课后练习

一、填空题

1. 导线的颜色标记以字母表示，对应关系为：WS = ____；SW = ____；RO = 红色；BR = 棕色；GN = _____；GR = ____；LI = 紫色；GE = ____。

2. 在大众公司汽车电路图中经常遇到接点标记的____，它们都具有固定的含义。如数字____代表来自蓄电池正极的供电线；数字____代表搭铁线；数字____代表来自点火开关的点火供电线；数字____代表点火开关在起动档时的起动供电线；____代表受控的大容量用电设备供电线。

3. 电源系统主要由_____、_____、_____、_____组成。

4. 通用车型电路图通常由四类电路图组成，它们分别是：_____、_____、_____和_____。

5. 福特汽车电路图的基本信息主要包括_____、_____、_____和元件符号等。

二、问答题

1. 电路概述图有什么作用？

2. 福特电路图由哪些部分组成？

3. 导线的识别主要由哪些部分组成？各有什么作用？

参 考 文 献

［1］李春明. 汽车电器与电路 ［M］. 2 版. 北京：高等教育出版社，2012.
［2］董宏国. 汽车电路分析 ［M］. 3 版. 北京：北京理工大学出版社，2013.
［3］娄云. 汽车电路分析 ［M］. 2 版. 北京：机械工业出版社，2015.
［4］魏建秋. 汽车电子电路识图技巧 ［M］. 北京：机械工业出版社，2019.
［5］董宏国. 汽车电路识读检修速查手册 ［M］. 北京：电子工业出版社，2000.